본회퍼의 **선데이**

테겔 감옥에서 쓴
자전적 소설

본회퍼의 선데이
SONNTAG

조병준 옮김

샘솟는 기쁨

추천의 글

본회퍼, 소설로 증언하다

송용구 | 문학평론가, 고려대학교 독일어권문화연구소 교수

디트리히 본회퍼Dietrich Bonhoeffer는 독일의 목사이며 신학자로 알려져 있다. 무엇보다도 그의 인생은 '의義'라는 글자로써 인류의 가슴에 깊이 각인되었다. 그는 "의에 주리고 목마른 자는 복이 있다"라는 예수 그리스도의 가르침을 가장 감동적으로 실천한 성직자다. 아돌프 히틀러와 나치의 억압에 맞서 순교하는 순간까지도 항거의 횃불을 높이 들어 올린 본회퍼의 인생은 로마 제국의 압제와 유대교 지도자들의 핍박에도 굴하지 않고 진리의 '빛'을 전했던 예수 그리스도의 '십자가'를 연상시킨다.

본회퍼의 유일한 소설로 알려진 『본회퍼의 선데이』(독일어 원제 존탁Sonntag)는 '의인義人'이라는 이름이 영웅과 투사에게만 주어진 별칭이 아니라는 것을 우리에게 일깨운다. 철학자 칸트가 "인간은 목적으로 존재해야 한다"고 말한 것처럼 인간의 생명은 그 무엇과도 바꿀 수 없는 가장 귀한 '목적' 그 자체다.

인간의 생명은 그 어떤 명분에 의해서도 도구와 수단으로 이용될 수 없다. 이보다 더 귀한 목적은 없다. 하나님과 같은 위치에 있던 예수 그리스도가 마굿간처럼 가장 낮은 곳으로 와서 자신의 전부를 희생의 성혈聖血로 불살랐던 까닭은 무엇인가? "천하보다 귀한" 인간의 생명을 구원하기 위해서가 아닌가. 그러므로 예수 그리스도의 길을 따르는 성직자와 그리스도인들이 인간의 생명을 '목적'으로 존중하면서 그 생명을 살리기 위해 헌신하고 희생하는 것은 인간으로서 마땅히 행해야 할 의義이자 선善이다. 특별한 능력을 가진 영웅과 투사에게만 허락된 소명이 아닌 것이다.

히틀러와 나치의 폭력에 의해 수없이 쓰러져가는 단 한 명의 생명이라도 살려낼 수만 있다면 사악한 무리의 칼날 위에 서는 것을 두려워하지 않았던 '진실'의 증언자 디트리히 본회퍼. 그의 소설 『본회퍼의 선데이』는 그가 걸어간 선善의 길의 출발점이 어느 곳인지를, 그가 맺었던 의義의 열매의 씨앗이 무엇인지를 가르쳐준다. 그 출발점은 인간의 존엄성을 존중하는 휴머니즘의 손길이요, 그 씨앗은 인간을 향한 그리스도의 사랑이었음을 ···.

기쁜 마음으로 이 소설의 한국어 번역 텍스트를 독자에게 추천한다.

옥중에서 쓴 기도시
나는 누구인가?

나는 누구인가? 그들이 종종 말하기를
감옥에서 나오는 내 모습이
마치 자기 성에서 나오는 영주같이
침착하고 밝고 흔들림이 없다고 합니다

나는 누구인가? 그들이 종종 말하기를
간수들과 대화하는 내 모습이
마치 그들을 통솔하듯이
자유롭고 상냥하고 맑다고 합니다

나는 누구인가? 그들이 말하기를
불행한 날들을 버티는 내 모습이
마치 언제든지 승리한 사람같이
태연하고 의기양양하게 웃음 짓는다고 합니다

그들이 말하는 내가 참 나입니까?
아니면 내가 알고 있는 내가 참 나입니까?

Wer bin ich?

Wer bin ich? Sie sagen mir oft,

ich trate aus meiner Zelle

gelassen und heiter und fest

wie ein Gutsherr aus seinem Schloβ .

Wer bin ich? Sie sagen mir oft,

ich sprache mit meinen Bewachern

frei und freundlich und klar,

als hatte ich zu gebieten.

Wer bin ich? Sie sagen mir auch,

ich truge die Tage des Unglucks

gleichmutig, lachelnd und stolz,

wie einer, der Siegen gewohnt ist.

Bin ich das wirklich, was andere von mir sagen?

Oder bin ich nur das, was ich selbst von mir weiβ ?

새장에 갇힌 새처럼, 조마조마하고 애가 타서 병들고

누군가 내 목을 조르는 것처럼 숨을 쉬려고 버둥거리며

빛깔에, 꽃과 새소리에 굶주리고

따스한 말과 사람의 정에 목말라 하고

아주 작은 모욕과 횡포에 치를 떨면서

큰일을 기다리면서 안절부절하고

머나먼 곳에 있는 친구들을 속절없이 그리워하고

기도에도, 생각에도, 일에도 지쳐

아무 생각 없이 의기소침하여 이별을 준비하고 있는데?

이것이 나인가? 아니면 저기 그들이 말하는 게 나인가?

오늘은 이 사람이고 내일은 다른 사람이란 말인가?

사람들 앞의 위선자와

자신 앞에선 비루하게 울먹이는 약한 사람 둘 다 나인가?

아니면, 이미 거둔 승리를 혼란으로 놓쳐 버린

패잔병이 내 안에 있는 것과 다름없는가?

나는 누구인가? 고독한 이 물음이 나를 조롱합니다

내가 누군지 당신은 아시오니 나는 당신의 것입니다, 오 하나님!

● 1946년 3월 4일 발표

Unruhig, sehnsuchtig, krank, wie ein Vogel im Kafig,

ringend nach Lebensatem, als wurgte mir einer die Kehle,

hungernd nach Farben, nach Blumen, nach Vogelstimmen,

durstend nach guten Worten, nach menschlicher Nahe,

zitternd vor Zorn uber Willkur und kleinlichste Krankung,

umgetrieben vom Warten auf groß e Dinge,

ohnmachtig bangend um Freunde in endloser Ferne,

mude und zu leer zum Beten, zum Denken, zum Schaffen,

matt und bereit, von allem Abschied zu nehmen?

Wer bin ich? Der oder jener?

Bin ich denn heute dieser und morgen ein anderer?

Bin ich beides zugleich? Vor Menschen ein Heuchler

und vor mir selbst ein verachtlich wehleidiger Schwachling?

Oder gleicht, was in mir noch ist, dem geschlagenen Heer,

das in Unordnung weicht vor schon gewonnenem Sieg?

Wer bin ich? Einsames Fragen treibt mit mir Spott.

Wer ich auch bin, Du kennst mich, Dein bin ich, o Gott!

CONTENTS

추천사_ 본회퍼, 소설로 증언하다 ··· 4

옥중에서 쓴 기도시_ 나는 누구인가? ··· 6

7월의 뜨거운 한낮에 ··· 13

고요한 숲속 연못에서 ··· 58

무례한 침입자 ··· 80

크리스토프와 르네 ··· 103

브레머 여사와 클라라 ··· 120

소령의 이야기 ··· 137

크리스토프가 소령과 논쟁하다 ··· 183

종들 ··· 192

지은이에 대하여_ 행동하는 양심, 디트리히 본회퍼 ··· 200
옮긴이의 말_ 이제부터 생명의 시작일세 ··· 207

7월의 뜨거운 한낮에

 7월의 어느 날, 햇볕이 내리쬐는 한낮에 북부 독일의 작은 도시에서 일어난 일이다.

 하늘에 구름 한 점 없고, 거리는 햇볕에 달구어져 있었다. 캐롤라인 브레이크 여사는 교회에서 집으로 돌아가는 길이었다. 나이가 지긋한 노인은 다소 지친 듯이 공원 벤치에서 휴식을 취하기로 했다. 햇빛을 가리려고 회색 실크 양산을 펼치고, 활짝 핀 진달래를 바라보며 눈웃음을 지었다.

 사십 년 전에 이 도시 시장이었던 남편의 말에 따르면, 아내는 공원 광장을 만들도록 끈질기게 그를 추궁했고, 훗날 그 계획이 실현되도록 주민들로부터 기금을 조성하는 데 큰 역할을 했을 뿐 아니라 상당한 금액을 기부하기도 했다고 한다. 이후에는 공공시설 조경에 관해 세부적인 사항을 검토하고 결정하는 소위원회에서 여러 해 동안 봉사했다. 나름대로 확고한 신념을 가지고 있던 그녀는 그것을 실현시키려면 어떻게 해야 할지 알고 있었다.

먼저 공원에서 천방지축 뛰노는 아이들에게 방해받지 않는 조용한 노인정을 만들자고 했고, 아이들 역시 아이들만의 놀이 공간을 가져야 한다고 주장했다. 때때로 어른들은 무례하고 철없는 아이들의 행동을 감수해야 하거나, 노인들의 근엄한 표정이나 호통으로 어린 시절의 즐거움과 천진난만함이 상처를 입어서는 안 된다고 했다.

무엇보다 캐롤라인 브레이크 여사의 단호한 입장은 주일에는 공원이 시끄러워서는 안 된다는 것이었다. 공공장소에 경찰이 설치한 이런저런 금지 표지판에 대해 아주 질색이었지만 주일만은 예외였다. 주일에 사람들이 무책임하게 내던져 버린 행복을 다시 찾도록 경각심을 일깨우는 것이 금지 표지판이라는 게 캐롤라인 브레이크 여사의 생각이었다.

사람들은 대부분 매 주마다 온갖 다양하고 새로운 방법으로 제공되는 이 마르지 않는 행복의 샘물을 그저 스쳐 지나간다.

경솔하거나 어리석은 사람들이 저지르는 일상 같았다. 하나님이 주신 최고의 은혜에 대해 마치 오랜 과거인 양 지혜로운 자나 나이 든 노인들에게나 이해할 수 없는 일이 되고 말았다. 브레이크 여사는 십계명을 하나님이 베푸신 최고의 은혜라고 일컬었다.

이런 현상들을 사람들의 눈앞에서 일어나고 있는 생명질서의 총체적 붕괴, 그 중요한 원인이라고 보았다. 그렇다고 주일에 평화와 평온을 재구축한다고 해서 모든 것이 이루어지는 건 아니었지만, 적어도 모두를 위해 필요한 선행조건이 아닐까? 오늘 아침에도 캐롤라인 여사는 몇몇 젊은이들이 축음기를 들고 야외로 달려가는 것을 보았다. 그들은 어른들이 못마땅해 한다고 해서 조심하는 시늉도 하지 않았다.

그런 인공적인 소음이 도대체 어떤 즐거움을 주는 걸까? 허황된 즐거움에 체력을 소모하고 탈진한 몸으로 저녁이면 집으로 돌아가지 않겠는가? 인간들은 왜 침묵을 그렇게 두려워하는가? 손자 녀석이 한 말이 사실이란 말인가? 침묵은 엄밀히 말해서 기계의 고동소리, 두들기는 소리, 사무실의 기기 소음, 귀가 멍멍하도록 시끄럽게 울리는 도심의 차량 소음과 마찬가지라고 했다. 최근에 손자의 말마따나 이를 피할 수 있는 유일한 탈출구는 어느 정도의 완충지대Pufferzone뿐이라는 말인가? 손자는 현대인이 주일에 누리고 싶은 것은 '침묵 속의 망각'이거나 스스로를 돌아보고 정리하는 시간이 아니라 기분 전환, 즉 '평안'이 아니라 '휴식'이라고 했다.

캐롤라인 브레이크 여사는 공원 벤치에 반듯하게 앉았다. 붉게 타오르는 듯한 꽃들과 짙은 녹색의 잎사귀들을 바라보며 시선을 어디에 두어야 할지 몰랐다. 멧노랑나비 무리들은 잔잔하게 햇빛에 반짝이며 날갯짓을 하고 있었다. 수풀 속에 나지막한 새들의 바스락거림, 그 소리는 이제 정오를 향해 솟아오른 뜨거운 태양 탓인지 거의 들리지 않았다. 귀뚜라미의 울음소리, 모기들의 미세하고 경쾌한 웅웅거림, 이런 소리들이 고요함을 뚫고 그녀의 귀에 들려왔다. 깊은 감사와 행복을 느끼며 여름의 대기를 한껏 들이마셨다.

여사의 표정에 얼핏 그림자가 스쳐 지나갔다. 언젠가 들었던 끔찍한 설교가 떠올랐던 것이다. 당시에 몹시 침통한 기분으로 교회를 나섰고, 마침 눈부시게 푸른 하늘과 여름날의 햇살이 다행히 기분을 한결 가볍게 해 주었다. 그런데 지금 내면에서 다시 분노가 솟구쳤다. 그런 설교를 매번 반복해서 들어야 한다는 것이 얼마나 한심한 일인가? 몇 해 동안 그녀 혼자 교회에 가도록 내버려 두었다고 해서 자식이나 손주들을 비난할 자가 누구란 말인가?

큰 손자가 마지막으로 함께 교회로 향하면서 애늙은이처럼 했던 말을 아직도 생생하게 기억하고 있었다.

"아시잖아요, 할머니. 저희가 라틴어 선생들의 오스터만[1]을 줄줄 외는 소리를 듣기에 너무 커 버린 것처럼 설교 말씀을 들을 시기도 지났어요. 할머니께서 어떻게 매주 그런 설교를 들을 수 있는지 이해할 수 없어요."

그녀는 손자에게 대답했다.

"애야, 중요한 것은 설교가 새로운 말씀인가가 아니라 올바른 말씀인가 하는 거란다. 우리는 올바른 것에 대해 반복해서 들을 필요가 있단다. 불행하게도 우리는 계속해서 잊어버리거든."[2]

"이해할 수 없어요."

손자가 계속해서 대꾸했다.

"저는 잊지 않아요. 오히려 앞뒤로 거룩한 표현을 붙인 상투적 구절들을 모두 암송할 정도라구요."

"그래. 머리로 기억하고 입술로 줄줄 암송하겠지. 그러나 마음과 손이 배우는 속도는 그보다 느리단다."

---

1) 크리스티안 오스터만(christian Ostermann)의 라틴어 교재(10세 아동용), 1869년 최초 발간했다.

2) 사도행전 2:42에 대한 본회퍼의 주석 : 그 자체가 풍성하게 되도록 구하는 것이 '가르침'의 기초이다. 그러나 말씀은 교회가 사도들의 '가르침' 안에서 '힘썼다'는 것이 두드러진 차이점이다.

여사의 표정에 얼핏 그림자가 스쳐 지나갔다.
언젠가 들었던 끔찍한 설교가 떠올랐던 것이다.
당시에 몹시 침통한 기분으로 교회를 나섰고,
마침 눈부시게 푸른 하늘과 여름날의 햇살이
다행히 기분을 한결 가볍게 해 주었다.

그렇게 말하긴 했지만 그의 말이 옳다고 여기지 못했다. 설교는 올바르지도 새롭지도 않았기 때문이다. 거룩으로 포장된 중언부언이었고, 그녀가 생각해도 설교단에서 선포할 수 있는 최악의 것이었다. 어쩌면 마음을 열어 손자의 말을 받아들였어야 했는지도 모른다. 그리고 손자에게 이렇게 말해야 했다.

"얘야, 참 기독교와 그것을 감성적으로 잘못 표현하는 것을 혼동해서는 안 된단다."

하지만 현명한 손자는 할머니가 설명할 기회를 주지 않았을 것이다.

"어쨌든 그렇게 감성적으로 잘못 전하고 있는 설교는 살아남을 힘이 없어요. 저는 생생하게 살아서 오늘의 문제를 해결하는 데 관심이 있지, 죽은 신앙이나 과거에 대해서는 관심없어요."

이 같은 손자의 생각에 대해 어떻게 논쟁할 수 있을까? 기독교의 본질과 오늘날의 교회를 구분하는 주장을 정당화하기에는 너무 연약한 시도였다. 결국 중요한 것은 브레이크 여사가 자란 교회, 그 교회에서 살아온 기독교가 오늘날에 그대로 존재하는지, 오늘날의 설교자를 통해 전해지는 말씀 속에 살아있는지 하는 것이다.

잘못된 설교는 기독교 신앙을 막다른 길로 몰아가는 또 다른 시도에 불과하다. 그것은 더 이상 이곳, 뜨거운 공기가 하나님의 말씀을 대신해 버렸을지도 모를 도심 속 교회조차 부정할 수 없는 일이다.

캐롤라인 브레이크 여사는 이제 꽃이 만개한 숲을 바라보지 않았다. 7월의 태양 아래 온화한 기쁨을 느낄 수 없었던 것이다. 자녀들과 손주들을 마음속에 떠올리고는 나즈막하게 한마디를 내뱉었다.

"그것 참!"

이 혼잣말에는 세상 방식에 대한 저항과 그들을 변화시키기에 능력이 부족하다는 자조감이 섞여 있었다. 한편 나이 든 사람들은 자신보다 더 강한 손에 미래를 맡긴다는 한가닥 확고한 믿음이 있었다. 자신의 생각이 너무 멀리 갔다고 알아차린 브레이크 여사는 서둘러 자세를 바로잡더니 결연히 일어섰다. 그리고 집 쪽으로 향한 공원 길을 거침없이 단호하게 걸었다.

그렇지, 쉽게 포기할 사람이 아니었다. 그녀의 걸음걸이만 봐도 어떤 결의를 느낄 수 있었다. 허풍쟁이 늙은 목사가 강단을 떠나든지, 부목사를 세우거나 교구에서 말씀 선포자를 별도로 부르는 것을 보고야 말 것이었다.

예전에 그녀는 허풍쟁이 목사가 다시 설교하는 것을 거부한 적이 있었다. 여러 차례 주장했지만 허사였고, 공연한 말참견 이상 아무런 영향력을 미치지 못했다. 사실 이러한 이유로 몇

번이나 교구를 방문하게 되었고, 그 후 허풍쟁이 목사는 그녀를 피하는 듯했다.

그 목사가 교구회Gemeindekirchenrat에서 브레이크 여사가 재선임되는 데 대해 방해했다는 소문이 들렸다. 몇몇 사람들은 그녀 나이를 이유로 쉬어야 한다며 목사가 강조했다는 것을 전했고, 그녀를 유별나다고 했다며 또 다른 사람들이 전했다. 급기야 지나치게 건방지다고 비난한다는 소리도 들었다고 전했다. 목사는 자신을 철저히 꿰뚫어 보는 듯한 그녀가 두려웠을 테고, 그것은 의심할 여지가 없었다.

이런 일이 있더라도 브레이크 여사는 매 주일 교회에 갔다. 이미 오래 전에 목사에게 하나님의 말씀을 들을 수 있다는 희망을 포기했지만 말이다. 이러한 굴욕을 유익한 훈련으로 삼았으나 질리고 말았다. 그녀 자신을 위해서가 아니었다.

오랜 시간, 쓸데없는 말을 걸러내고 진리가 담긴 몇 마디에 초점을 맞출 줄 아는 그녀는 남은 생을 이런 방식으로 살아갈 수도 있었다. 그러나 더 중요한 것이 위기에 처했다. 성도들, 마을사람들, 가족들이 하나님의 말씀을 박탈당했고, 조만간 그들의 삶이 중심을 잃게 되리라는 것을 의미했다.

이러한 것들은 잠시 감춰져 있을 수 있었다. 추억과 전통은 한동안 완전한 붕괴를 지연시킬 수 있을 것이다. 그러나 다음 세대는 그들만의 새로운 방식을 발견할 필요가 있고, 젊은이들로부터 전해 들은 몇몇 일들은 그들의 할머니로 하여금 저항의 첫 번째 징표, 즉 반란이라고 할 만한 징표를 인식하도록 했다. 만일 모든 것들이 이대로 이어진다면 젊은이들 탓이 아니었다. 어른들이 어떠한 과정을 통찰이나 관심 없이 몰지각하게 내버려 둔 결과로 최악의 것이었다.

캐롤라인 브레이크 여사는 다음 세대로부터 하나님의 말씀을 빼내감으로써 심판이 그들에게 이르도록 하는 것이 하나님의 뜻이 될 수 있는지를 넌지시 자문자답했다. 그렇더라도 하나님은, 사람들이 이러한 심판에 저항widersetzen하고 하나님이 축복하기까지 야곱이 얍복강에서 하나님과 씨름하며 놓지 않았던 것처럼 하나님을 붙잡고 말씀을 구하길 원하실 것이라고 대답했다.[3]

왜 혼자 이런 생각과 의견을 가지고 있겠는가? 오늘 예배자들은 교회의 문지기를 제외한 어느 누구도 공허한 구절과 허접하고 진부한 설교를 들었다는 것을 왜 깨닫지 못하는가? 그 많은 예배자들 중에 어느 정도 교육을 받았다는 사람들조차 이 사실을 전혀 인식하지 못하는가? 물론 그들은 거의 교회에 가지 않

---

3) 창세기 32:24, 야곱이 얍복강에서 밤새 하나님과 씨름하며 축복을 구한 장면.

느다. 세례를 받아야 하거나 결혼식처럼 그들이 참석해야 할 때만 '설교'라는 매우 새롭고 감동적이며 세련되고 적절한 '연설'을 듣곤 한다.

브레이크 여사는 낙담하여 머리를 흔들었다. 그리고 깊은 생각에 잠겼다. 그때 뒤쪽에서 목소리가 들렸다.

"안녕하세요, 여사님? 하나님이 우리에게 이렇게 멋진 날을 또 주셨네요!"

이웃에 사는 디렉토르 웜블럿 씨의 미망인이었다. 그녀 역시 교회에서 집으로 돌아가는 길이었다. 이미 두세 사람을 만나서 인사를 나누었고, 집에 도착하기 전에 캐롤라인 여사를 따라잡으려고 부랴부랴 달려왔다. 작은 키에 살찐 편인 그녀가 열 살 정도 나이 많은 캐롤라인 여사를 따라잡기는 쉽지 않았다. 번질거리고 붉게 달아오른 얼굴로 숨가쁘게 달려와야 했다.

지적이고 근엄한 표정에 건조한 회색 피부인 브레이크 여사는 회색 실크 양산에 회색 드레스 차림이었으며, 보기 드문 위엄과 절제를 갖추고 있었다.

그녀는 브레이크 여사에게 가까이 다가갔다.

"네, 반가와요!"

브레이크 여사는 조용하고 맑은 목소리로 대답했다.

"네, 햇살이 너무 따스하고 좋은 날이네요. 우리 마음도 그러길 바라지요."

"오, 저 역시 여사님의 모든 일들이 잘 되길 바래요. 주님께서 여사님에게 건강을 주신 것이 얼마나 감사한지요! 주님이 여사님을 사랑하시는 걸 알 수 있어요, 그렇죠? 축복이 넘치는 가정에 자제분들의 사랑을 받는 할머니, 아이들의 우상이시죠! 오, 자제분들이 얼마나 멋지게 컸는지, 주님 안에 잘 자라는 모습이죠. 부모를 빼닮은 듯이 잘 자랐잖아요. 온 가족에게 둘러싸여 있다는 게 얼마나 복된지요. 사랑하는 여사님, 지난 며칠 동안 그런 문제로 다시 골치를 썩었답니다. 오, 저도 알아요, 십자가가 무거울수록 천국이 가깝다는 것 말이에요. 물론 그렇겠죠? 하지만 생각해 보세요, 사위는 교회를 떠나 이제 아이가 세례를 받는 것도 원하지 않아요. 그 일로 제가 얼마나 울었는지요. 하나님 품으로 간 제 남편이 보면 뭐라고 했을까요? 사람들이 우리 보고 뭐라고 할지? 얼마나 불쌍하게 볼까요? 네, 저는 그것을 받아들이기가 너무 부끄러워요. 그런데 제 딸 힐데는 전혀 신경쓰지 않는 것 같단 말이지요. 나중에 아이들 스스로 결정하도록 하겠다고 하네요. 딸의 말이 저를 더 힘들게 한답니다! 이 모든 게 남편을 그토록 존경한 나에게서 비롯되었다는 게 얼마나 가슴 아픈지요! 저는 도저히 이해할 수 없어요.

저는 항상 딸에게 사랑하는 하나님에 대해 말하고 함께 기도 했는데요. 딸은 항상 저와 함께 교회를 다니곤 했어요. 결혼식에서도 목사님은 그 딸에게 귀한 말씀을 주셨어요. 딸은 항상 그 말씀을 침대 위에 올려놨지요. '바르게 행하고 두려워 말라.' 진심이에요, 여사님. 저는 딸 생각을 하면 밤마다 괴로워 잠을 잘 수 없어요. 그러나 오늘 설교 말씀을 듣는 동안 그 모든 것이 날아가 버렸어요. 이제 자유로워졌고 행복해졌답니다. 오, 사랑하는 주님은 저에게 그리고 사람들에게 사랑하는 교회와 사랑하는 목사님을 주셨어요. 용서하세요, 여사님. 저는 항상 당신이 목사님에게 동의하지 않는다는 것을 알아요. 그러나 오늘은 정말 훌륭하지 않았나요?"

"네. 오늘 정말 대단한 설교였어요, 디렉토르 부인."

"그렇죠, 그렇죠. 오, 여사님도 마찬가지라니 너무 기쁘네요. 아름다운 설교였지요! 음, 무슨 말씀이었더라? 어쨌든 다 전달할 수 없을 만큼 사랑이 넘치는 설교였어요. 그러나 정말 중요한 건 여사님이 그걸 느낄 수 있었다는 것이에요. 어찌 그리 감정이 복받치는지, 왜 그런지 알 수 없네요. 그렇지 않나요, 여사님?"

"그러게요, 정말 알 수 없군요."

"네, 어쨌든 목사님은 모든 사람이 자신에게 적합한 방식으로 살아야 하며 그것이 올바르다고 했어요. 주님께서는 어린아이가 세례를 받거나 받지 않거나 중요하지 않다고 하셨어요. 그렇죠, 여사님? 그 말씀인 즉 제 딸 힐데가 교회를 나가고 나가지 않는 것이 중요하지 않다는 말씀이지요. 결국 그 말씀은 우리 모두 자유로운 백성들이라는 것이죠. 오, 얼마나 멋진 생각인지요! 그렇게 우리를 자유롭게 하는 깊이 있는 설교가 있을까요? 그렇죠, 사모님? 사실 목사님은 성경구절을 인용했는데, 그게 뭐였더라?"

"네, 맞아요. 무슨 말씀이었다고 생각하세요, 디렉토르 부인?"

"아, 무슨 말씀이었는지. 어쨌든 사모님은 저를 곤란하게 하시네요. 그것은 중요하지 않아요, 그렇지 않나요?"

"네, 그건 중요한 게 아니에요. 성경구절에 대한 게 아니었으니까요. 그는 안식일에 수수를 따는 것에 대해 설교하고자 했고, 성경구절은 "인자는 안식일의 주인"이라는 구절이었어요.[4]

그는 그리스도께서 자신이 그리스도이기에 안식일에 일을 하시며, 그 사실이 우리 역시 그렇게 할 권리가 있다는 의미는 아니라는 것과, 그리스도가 안식일을 어김으로 안식일을 지킨다면 과연 거룩한 안식일을 지키기 위해 먼저 어떻게 해야 할 것인지 알아야 한다는 것을 말씀하는 대신, 모든 사람이 자신이

---

4) 마가복음 2:28

옳다고 생각하는 대로 무엇이든 해도 좋다는 둥, 주일에 교회보다는 자연 속에서 지내야 한다는 둥, 하나님은 친절하고 부드러우며 선하므로 진노하지 못하시기에 그런 것이 문제가 되지 않는다는 둥 모든 인간의 자유에 대해 장황하게 늘어놓았지. 사랑하는 디렉트로 여사님, 당신이 듣고 싶은 말씀을 목사님이 하셔서 다시 해방감을 느끼셨나요? 그러나 그것이 과연 하나님의 말씀일까요?"

캐롤라인 브레이크 여사는 손주들과 함께 살고 있는 집 정원 입구에 이르렀다. 여사는 머뭇거림 없이 힘껏 벨을 눌렀고, 대문이 열리자 다시 뒤돌아섰다.

이 어리석고 수다스러운 여인의 들뜬 기분을 빼앗는 게 무슨 의미가 있단 말인가? 그녀가 그렇게 좋게 평가하는 설교를 비판할 권리가 있는가? 그토록 만족스러워하는 그녀 마음의 평안을 뒤흔들 필요가 있는가? 이토록 천박함에 대해 내가 할 수 있는 것이 무엇이란 말인가? 설령 그렇더라도 누가 다른 이의 마음속을 들여다 볼 수 있는가? "하나님은 인간이 보는 것처럼 보지 않으신다. 즉 사람들은 외모를 보거니와 하나님은 중심을 보신다."[5] 그럼에도 이런 위선적인 잡담은 절대로 기독교와 아무

---

5) 사무엘상 16:7

"사랑하는 디렉트로 여사님,
당신이 듣고 싶은 말씀을 목사님이 하셔서
다시 해방감을 느끼셨나요?
그러나 그것이 과연 하나님의 말씀일까요?"

관련이 없다. 오히려 솔직한 불신앙보다 더 위험한 것이다.

이런 생각이 캐롤라인 여사의 마음속에 스쳐 갔고 순간 좀처럼 잃지 않았던 평정심을 잃었다.

"안녕히 가세요, 디렉토르 부인." 그녀는 더 따뜻하게 말했다. "잘 모르겠지만, 따님 생각이 맞을지도 모르지요!"

"여사님, 이해하지 못하겠어요. 혼란스러워요. 제 딸 힐데가 옳다고 하시는 건가요? 진심이 아니겠지요. 하지만 감사해요. 여사님은 신앙의 문제에 있어서 엄격한 분이시잖아요. 그래도 이렇게 마음을 달래주시니 참 멋지세요. 안타깝게도 벌써 댁에 도착했네요. 여사님과 떠드는 것은 즐겁지만 붙잡고 있지 못하겠어요. 사랑스런 가족들이 기다리고 있으니 말이에요. 안녕히 계세요. 정말 멋진 날이지요, 그렇죠? 안녕, 즐거운 하루가 되시길 바래요. 사랑하는 여사님. 오, 여사님이 말씀하신 것을 좀 더 생각해 봐야겠어요."

브레이크 여사는 대문을 닫았다. 성격 좋은 이웃의 실망한 표정을 읽어 내며 측은한 마음이 들었다.

"그럼, 생각해 봐야 하고 말고. 그다지 도움이 되지 않겠지만 말이야."

그녀는 혼잣말로 중얼거렸다. 슬쩍 웃음을 머금었다가 곧 불만스럽다는 표정으로 생각에 잠겼다.

'또 실수한 것 같아, 이건 어려운 일이야.'

문쪽으로 다가온 가정부가 브레이크 여사의 우산을 받아 들었다.

"안녕, 엘프레드." 브레이크 여사가 말했다. "오늘 교회에서 보지 않았나? 나보다 빨리 집에 왔네. 잘 지냈나?"

"아, 브레이크 여사님. 오늘도 역시 교회는 은혜로웠어요, 엄숙하고. 목사님을 생각하면, 설교단에 오르는 모습이 마치 집인 듯 편안하시잖아요. 굵은 톤으로 우렁차고 분명하게 말씀하는 것이나 강대상에 팔을 기대어 걸친 모습을 보세요. 마음을 사로잡는다니까요. 목사님은 우리 같은 성도들이나 귀족처럼 사는 분들의 어려움을 정확히 아시는 것 같아요. 저 같은 성도들을 귀찮게 할 일이 없을 거예요. 제가 살던 마을 목사님과 비교하면 너무 차이가 나는 걸요. 그 목사님은 항상 단조로운 목소리로 성경구절만 반복하셨지요. 두 분을 비교하면, 제가 도시에 살고 있다는 것을 실감할 수 있어요. 교회를 나서면서 언제나 정신이 한결 숭고해진 걸 느낀다니까요."

"엘프레드, 가서 오늘 주일 설교 본문을 저녁까지 다시 읽도록 해라. 네게 도움이 될 거다. 다른 가족들은 집에 있니?"

"교수님은 방금 전까지 서재에 계셨어요. 사모님은 아이들의 세탁물을 찾고 계셨구요. 자제분들은 아침 일찍 나들이 채비를 하고 교회에 갔어요. 브레이크 여사에게 주일 저녁 식사를 위해 정확히 일곱 시에 돌아올 거라고 전해 달라고 했어요."

"알았다. 얘야, 가 보거라. 잠깐, 엘프레드."

브레이크 여사는 가정부를 불렀다.

"내 물건들이 어디에 있어야 하는지 잊었니? 자꾸 내 옷가지들을 교수님 옷걸이에 걸어놓는구나. 잘 봐라, 너 글을 읽을 줄 알지. 여기 옷걸이마다 분명하게 쓰여 있지. 아버지, 어머니, 할머니. 이제 똑바로 기억해라!"

엘프레드는 당황한 듯 잽싸게 브레이크 여사의 모자와 파라솔을 제자리에 걸어놓고 가 버렸다. 그 모습을 흘낏 바라보고 만족스러운 눈빛으로, 여사는 현관 한쪽 벽 장농에 꽉 들어찬 옷걸이 봉의 코트걸이를 살폈다.

아들의 칸에는 남편이 물려준 은 손잡이가 달린 지팡이뿐이었다. 며느리의 옷걸이에는 아주 가벼운 흰색 실크숄이 걸려 있었다. 그 숄은 해마다 여름날 저녁 무렵, 정원에서 아들이 며느리에게 둘러주었던 것이다. 여사의 옷걸이는 손주들 옷걸이 봉 뒤에 있었는데, 장손인 프란쯔의 옷걸이에 아주 낡은 모자가 걸려 있는 것이 보였다. 그 위에 제 엄마가 수 백 번이나 하지 말라고 했건만 프란쯔는 책 두 권을 올려놓았다. 하나는 종교에 관한 포이에르 바하의 강연집[6]이고 다른 하나는 노동운동에 관한 영문판 서적[7]이었다. 수 주 동안 프란쯔는 이 책들을 들고 다니며 책에서 떨어지지 않았을 것이다.[8]

토요일 저녁, 가족 모두 아이들의 음악 연주를 즐기기 위해 한자리에 모였었다. 동생들이 트리오[9]로 연주하고 있자 프란쯔는 주머니의 책을 꺼내 읽기 시작했다. 아버지가 부드럽게 단호한 목소리로 꾸짖었고, 프란쯔는 집안에서 한번도 들어본 적이 없던 반항적인 톤으로 말대꾸를 했다.

요즘 같은 시대에는 누구에게도 유익하지 않은 의례적인 가족 모임보다 각자 유익하게 나름대로 시간을 활용해야 한다며, 동생들이 서투른 음악 연주나 하는 것이 자신에게 방해가 된다는 것을 가족들이 전혀 생각하지 못하고 있다고 했다. 게다가

---

6) 포이에르 바하(Feurbach), 『Lectures on the Essence of Religion』 "모든 신학은 인류학에 불과하다(all theology is nothing but anthropology)."

7) 톨러(Toller)의 1922년 연극, The Machine Wreckers, 표현주의 작품. 부제 'A Drama of the English Ruddites'.

8) 본회퍼의 큰형인 칼 프리드리히는 제 1차 대전 후 19세의 나이에 좌익정치사상을 가지고 고향으로 돌아왔다. 이 책의 가족 간 논쟁은 기업경영자였던 형제 오토 본회퍼와의 갈등을 묘사한 것이다.

9) 본회퍼 가족은 여러 삼중주곡을 연주했다. 특별히 하이든, 모차르트, 베토벤을 연주했고 본회퍼 자신은 15세 나이에 슈베르트의 곡 'Gute Ruh'를 기반으로 삼중주곡을 작곡하기도 했다.

재능이 부족한 사람들을 음악적 성취감을 위해 개발시키는 것은 공정하지 않으며, 그 돈은 특히 재능 있는 노동자 계급의 자녀들을 교육하는 데 사용되어야 한다고 했다.

이런 특별한 대화가 오가자 방안에 죽음 같은 적막이 흘렀다. 아버지는 무표정한 모습으로 날카롭게 대답했다. 어찌되었든 아직 집안의 가장이며 아버지인 자신이 적합하게 돈을 사용하는 것에 대해 아들이 비판한다면 앞으로는 용납하지 않을 것이라고 딱 잘라서 말했다.

이외에 아버지 앞에서 프란쯔가 가난한 자의 옹호자인 입장을 취하는 프란쯔의 태도는 무례하고 건방진 것이라고 덧붙였다. 프란쯔가 책을 통해 얻은 지식보다 아버지는 의료 행위를 통해 더 많이 알고 있다고 했고, 아버지는 가족 모임과 음악회를 갖는 저녁 시간에 관해서는 언젠가 프란쯔가 전적으로 다르게 생각하게 될 것이라고 결론지었다.

그제야 아버지의 부드러운 눈길을 본 아이들은 트리오 연주를 다시 시작했고, 당황한 프란쯔는 새파랗게 질린 표정으로 서둘러 방을 빠져 나갔다.

할머니는 한동안 프란쯔의 크고 맹렬한 눈, 창백한 안색, 그리고 젊은 청년의 입가에 열광적인 모습을 떠올리며 걱정했다.

프란쯔는 결국 책을 내려놓고 동생들과 함께 주일 하이킹을 위해 야외로 나간 게 분명했다. 그것은 그가 내적 평정을 회복했다는 희망적인 징표일 것이다. 특히 장손을 좋아하는 할머니는 코트걸이에서 그 책을 꺼내 프란쯔의 방에 갖다 놓았다. 아들 며느리의 짜증을 피하게 하기 위해서였다.

크리스토프의 옷걸이에는 낯선 외투가 걸려 있었다. 우기에 숲속에서 입은 흔적이 뚜렷하게 외투에 남아 있었다.

"아, 맞아. 울리히 것이구나."

브레이크 여사는 웃으며 기억을 살려 냈다.

이제 클라라의 작고 예쁜 여름 손뜨개 스웨터에 머물렀다. 그것은 여사의 솜씨로 무늬를 대준 것이기도 했다. 그 밑에 우아한 디자인의 작은 덧신 한 짝이 있었다. 그 다음에 보이는 것은 마틴의 모자, 김나지움 Gymnasium[10] 일 학년 때 조롱당한 적이 있던 바로 그 모자였다.

"학교에서 왜 아이들의 시선이 항상 내게 쏠렸는지 알 수 있어요. 다른 아이들은 집에서 만든 그런 이상한 옷이나 내 모자같이 우스꽝스런 것은 쓰고 다니지 않거든요. 거리에서 사람들

---

10) 김나지움(Gymnasium)은 대학 진학을 준비하는 학생들이 공부하는 중등학교로 인문계통 과정을 주로 한다. 본회퍼 시대에 통상 10세에서 시작 18세까지 과정이었다.

이 지나가면서 나를 쳐다보며 비웃는 것이 싫었어요."

다행히 비범한 지능과 총명한 눈동자, 명랑하고 즐거운 표정의 이 소년에게 그런 일은 다시 일어나지 않았다. 거리의 사람들은 그애의 비범한 옷 때문에 웃었던 것이 아니고, 전체적인 태도가 많이 웃게 했던 것이다.

다른 형제들이 모두 반대해도 마틴은 학교 모자를 쓰는 데 대해 못마땅해 하는 아버지를 어렵사리 납득시켰다. 하지만 사람들이 그의 외모에 별다른 반응을 보이지 않게 된 지금까지도, 한동안 자신의 성격이나 외모에 대해 내심 우스꽝스럽거나 어리석어 보이는 게 아닌가를 걱정했고, 그로 인해 수줍어하고 자의식이 강한 소년이 되었다.

그러나 그런 자신의 내면에 대해 마틴은 형들이나 부모와 이야기하길 원하지 않았고, 대부분의 사람들처럼 개인적인 것들에 대해 누구와 말하기보다 혼자 해결하려고 했다.

어느 날, 그애는 넌지시 할머니의 의중을 떠보려고 했다. 그러다가 불쑥 미친 사람이 실제로 자신이 미친 줄 아냐는 질문을 던졌다. 할머니는 깜짝 놀라 네 아버지에게 물어봐야겠다고 말했다. 그애 아버지는 의사여서 아들에게 자세히 알려줄 수 있을 것이다. 브레이크 여사는, 미친 사람들이 상황을 인식하는 방법은 아주 다양하다고 알고 있었다.

소년은 한동안 할머니의 속을 떠보려다가 마침내 말을 했다.

"할머니, 제 말은 만일 어떤 사람이 자신의 얼굴이나 걸음걸이가 우스꽝스럽거나 멍청하게 보인다면 그 사실을 자신이 항상 알 수 있냐는 거예요."

그제야 할머니는 마틴의 머리에 떠올린 생각이 무엇인지 알아차리고 그애 머리를 매만지면서 말했다.

"아가야, 쓸데없는 걱정을 하고 있었구나."

그러면서 부드럽게 흥미로운 표정으로 마틴을 바라보았다. 그러자 마틴은 얼굴을 붉힌 채 희색이 만면해서 방 밖으로 나갔다. 그 후 그애의 학교 모자는 손이 닿지 않은 채 같은 자리에 걸려 있었다. 아무도 그 이유를 몰랐고, 할머니는 입을 굳게 다물고 있었다.

그 다음 옷걸이에는 갖가지 아이들용 물건이 매달려 있었고 '막내'라고 적혀 있었다. 형제들은 누가 물어보더라도 막내 동생의 이름이 '엑케하르드Ekkehard'[11]라고 대답할 수 없을 정도로 잊다시피 했다. 또 형제들은 그 이름을 부르는 것을 난처해 했다. '감성적'이고 '신파조'라는 이유 때문이었다. 그러나 어머니는 그가 태어났을 때부터 아무렇지 않게 이 이름을 고집했

---

11) 10-13세기에 걸친 다섯 명의 생 갈 수도원(Abbey of Saint Gall) 수도사들의 이름.

그애는 넌지시 할머니의 의중을 떠보려고 했다.
그러다가 불쑥 미친 사람이 실제로 자신이 미친 줄 아냐는 질문을 던졌다.

다. 이제 어머니도 이 이름이 과장되다고 느꼈던지 아니면 나머지 가족들의 무의식적인 거부 탓인지, 웬만한 상황이 아니면 어쨌든 '엑케하르드'라는 이름이 '막내' 대신 불리는 일은 없었다. 학교에서도 '막내'로 불려지기를 바랐다. 학급 친구들이나 선생님들에게나 그는 '막내'였기 때문이었다. 브레이크 가족 중 세례명으로 불려지지 않은 경우로 유일했다.

한편 애완동물의 이름이나 비하하는 별명으로 부르는 것을 피하는 게 이 가족의 원칙이기도 했다. 한번은 식탁에서 이런 얘기가 나왔을 때 농담처럼 아버지가 말씀하셨다.

"그들 자녀의 이름을 마우츠Mautz, 코코Koko, 피피Pippy 등으로 부르는 것은 귀족들이나 영화배우들의 특권이다."

이러한 대화가 오고갈 때마다 그런 어리석은 사치는 불필요하다는 것이었고, 피할 수 없이 아이들과 함께 맺는 결론이었다.

알다시피, 젊은 사람들은 기호의 문제를 순간적으로 도덕적 판단의 잣대로 종종 바꾸곤 한다. 그들은 테클라와 아민[12]이라는 이름의 야채가게 아이들을 놀려대는 데 시간을 허비할 이유가 없었다. 그들은 자신의 이름이 어리석거나 문자적이거나 극적이라고 생각하지 않았고, 오히려 평범하지 않지만 중산층의

---

12) 1세기 순교자.

이름으로 자랑스럽게 여겼다. 그러나 '엑케하르드'라는 이름은 딱히 뭐라고 하기는 어렵지만 지켜야 하는 허용 범위를 넘어섰다는 데 모두 동의했다. 따라서 '막내'라고 부르는 것이 그보다 확실히 자연스러웠다.

그런데 이 아침에 막내는 어디에 있는가? 그애 물품들은 모두 여기에 있었다. 여덟 살짜리 늦둥이는 가끔 형들 사이에서 소외된 것처럼 느껴질 것이다. 형들이 나가면 대개 집 정원에서 혼자 노는 편이었다.

캐롤라인 브레이크 여사는 서둘러 나머지 옷걸이 세 개를 살펴보았는데, 그 옷걸이들은 손님용으로 주일이면 큰손녀의 코트가 걸려 있곤 했다. 큰손녀는 6개월 전에 결혼했고 남편은 정부고위관료였다.

현관에는 방문객용 롱코트를 걸 만한 옷걸이가 있었는데, 집주인의 취향이 고상하다고 느껴지지는 않았다. 하지만 누구나 이 밝은 공간에 사용된 나무나 장식용 금속 재질이 최상급 소재이며 장인이 갈고 닦은 제품들이라는 것을 한눈에 알 수 있었다. 두껍게 엮은 매트가 조각나무 마룻바닥에 놓여 있었다.

며느리는 신발이 지저분한 아이들이 페르샨 양탄자 위로 지나다니지 못하게 해야 한다는 주장이었다. 그렇다고 아이들이 집 안팎을 들락날락할 때 부엌문을 사용하도록 하는 것은 옳지 않았다.

현관 벽면에는 독일 도시의 멋진 풍경이 담긴 여러 판화들이 걸려 있었다. 캐롤라인 브레이크 여사는 현관문을 지나 넓고 탁 트인 거실을 걸었다. 이곳을 가족들이 '응접실parlor'이라고 거창하게 부르는 것을 금기시했다. 거실은 햇빛을 가리기 위해 커튼이 내려져 있었다. 여사는 베란다 쪽으로 다가갔다.

식당 창문에는 블라인드가 내려져 있었다. 브레이크 여사는 이 큰 식당을 유난히 편안하게 느꼈다. 단순한 디자인의 튼튼한 목재 의자가 놓여 있는 긴 식탁은 아버지가 있던 어린 시절부터 사용하던 것이었다. 찬장은 구식이었지만 훌륭한 장인의 것이었다. 특별한 경우 브레이크 여사가 막내 손자에게 초콜릿 한 조각을 꺼내 주었던 작은 골동품 은장 케이스는 수 년 동안 굳게 닫힌 채 그 자리에 놓여 있었다. 이제 열다섯 살인 마틴은 은장 케이스 안의 소소한 것들에 대한 기억이 아직 남아 있을 만한 나이였다.

벽에 걸린 조부모들 초상화 네 점 가운데 아직 살아 있는 사람은 캐롤라인 브레이크 여사뿐이었다. 할아버지들은 높은 지위에 있으면서 한결같이 존경을 받았지만, 초상화는 그들이 누린 대중의 존경심을 과시하려고 하지 않았다.

브레이크 할아버지가 말한 적이 있었다.

"내 초상화는 가족들을 위해 그리는 것이지, 시청 로비에 걸기 위해 그리는 게 아니다."

사랑하는 자녀들이 더 나이가 들어 가끔 다른 집을 방문했을 때, 온갖 메달과 훈장으로 장식한 공직 예복을 입은 그 집안 선조들의 초상화를 보면서 처음에는 재미있다고 생각했었다. 그러나 나중에 이런 류에 대해 크리스토프는 과감히 졸부 취향이라고 극단적으로 표현하기도 했다. 아버지는 내심 동의했고 가치관이 확고하다는 데 기뻐하면서도 이렇게 대답했다.

"애야, 이걸 기억해라. 네 나이에 사람을 판단하려고 하는 것은 부적절하단다. 그들이 너를 집에 초대할 정도로 친절을 베풀었다면, 그들이 사는 법이나 집안 장식에 대해 비판하는 것은 온당치 않다. 그것은 호의를 남용하는 것이다. 내 말을 기억하고 잊지 말아라. 사람들이 서로 다르다는 것이 얼마나 좋은 것인지 깨우쳐야 한다. 외적인 것만으로 사람을 공격해선 안 된다. 매번 무언가 비교하려는 것은 어리석은 일이고, 모든 사람들을 동일한 잣대로 평가하는 것 또한 어리석은 일이란다."

아버지의 말씀은 모든 것의 척도였기에 크리스토프의 대답은 두 말할 나위가 없었다. 그러나 아버지와 아들이 함께 가지고 있던 분별력의 본질은 이런 대화 이후 보다 외부로 드러났고 확실하게 인식하게 되었다. 그에게 다른 사람들을 향해 배려와 유보를 보여주는 판단력에서 필수라는 새로운 생각이었다. 이를 아는 데 긴 시간과 경험이 필요했다.

조부모들의 초상화는 자라는 아이들의 삶에 상당한 영향을 주었으며, 소파가 놓인 한쪽 구석에 걸린 브레이크 여사 고조부의 투박하게 그린 초상화는 특별한 의미가 있었다. 그림 밑에 적힌 고어체의 문장은 다음과 같았다.

'이분은 대성당의 감독관 조시아스 브레이크 목사입니다. 하나님의 말씀에 그의 삶을 바쳤고 죽음으로 가르친 분입니다.'

그림에는 십자가 예수의 제단 앞에 지친 몸으로 무릎을 꿇고 있는 노사제의 모습이 그려져 있었다. 전통 있는 정통 루터교 목사는 이성주의 시대에 설교강단에서 쫓겨났다. 본부의 명령을 거부하고 성도들을 떠나지 않겠다고 하자, 감옥에 감금되었다. 결국 충성스런 성도들의 노력으로 풀려났고 복귀하였으나 그는 첫 예배 중에 제단에서 쓰러졌다. 오랜 감금으로 허약해진 탓인지 십자가 예수에게 눈을 고정한 채 죽고 말았다.

아이들은 어린 시절부터 이 이야기를 들었으며, 이 초상화를 보며 성자의 한 상징처럼 존경스러워했다. 그들이 청년이 되어 교회로부터 멀어졌더라도 이러한 마음가짐은 변함이 없었다. 노 목사의 모습을 가슴 한가운데 마치 살아있는 것처럼 고이 간직했다.

아이들은 어린 시절부터 이 이야기를 들었으며, 이 초상화를 보며 성자의 한 상징처럼 존경스러워했다. 그들이 청년이 되어 교회로부터 멀어졌더라도 이러한 마음가짐은 변함이 없었다. 노 목사의 모습을 가슴 한가운데 마치 살아 있는 것처럼 고이 간직했다.

이 특별한 사례를 제외하고 가족 사이에서 조상을 섬기는 것은 있을 수 없는 일이었다. 계단에 걸려 있는 브레이크 가계는 가족들 사이에 전수되어 이 방 저 방의 다른 모든 물건같이 집안의 가구처럼 분류되었다.

지난 4백 년 동안 브레이크 가문의 명예스런 업적에 대해 틈만 나면 요란스럽게 쉴 새 없이 늘어놓는, 이제 나이가 들어 아무 일도 하지 않는 '부자 삼촌'의 입을 막을 길이 없었다. 아들 며느리가 웬만큼 말해서는 소용 없는 일이었다. 반면 아이들은 잠시도 가만히 있지 않고 놀려댔다.

"데오도어 삼촌, 언젠가 브레이크 가문이 남지 않는다면 세상의 마지막이라고 생각하세요?"

한번은 열네 살의 프란쯔가 천진난만한 표정으로 물었다. 어리석은 삼촌은 그것에 넘어가 대답했다.

"그래, 네 말을 들으니 기쁘다. 이런 사고방식을 지킨다면 너는 진짜 브레이크가 될 거야."

프란쯔는 웃음보가 터질 직전에 엄마의 꾸짖을 듯한 표정을 알아차리게 되었다.

"널 내던지고 싶어하시는 것 같다!"

그의 옆에 앉아 있던 크리스토프가 귀에 대고 속삭였다.

절대적으로 가족 클럽을 만들어야 하며 가족 역사실도 있어야 한다는 부자 삼촌의 반복된 주장을 계속 점잖게 회피하곤 하시는 아버지의 모습은 아이들에게 웃음거리가 되게 하는 샘물 같았다.

"데오도어 삼촌, 삼촌이야말로 정말 살아있는 가족사잖아요!" 아버지의 말이었다.

"하지만 내가 죽으면 어떻게 될까?"

"그래요, 브레이크 가문이 끝나는 거겠죠, 확실히."

"하지만 그게 그렇지 않단다. 얘들아."

삼촌은 득의에 찬 얼굴로 뭉뚱그려서 대답했다.

"그게 그렇게 심각한 일은 아니에요, 그렇죠?"

어머니가 이 순간에 지원자로 나타나 삼촌 앞에 무언가를 내려놓았다. 그것은 누구도 거부할 수 없는 브레이크 가족이 좋아하는 요리여서 자연스럽게 주제가 바뀌었다. 이런 장면의 변화는 아이들 앞에서 종종 일어나는 일이었다.

그들은 삼촌이 방문할 때마다 늘 이런 순간을 기대했고, 이 순간이 오면 서로 테이블 밑에서 발길질을 했다. 한번은 실수로 삼촌의 정강이를 걷어차는 바람에 깜짝 놀란 삼촌이 주위를 돌아보기도 했다. 하지만 한마디도 하지 않았다. 그런 일이 있으면 브레이크 가문의 아이들은 이른바 '가족 기합'이라고 하는 심한 처벌을 받았기 때문이었다.

7월의 뜨거운 한낮에

누구라도 가족의 유대감을 기대했다면 지나친 쪽보다 아주 약하다는 사실을 확인했을 것이다. 그들은 겉으로는 멀리 있는 고모와 사촌들을 보고 싶어하는 듯이 보였다.

"연락을 제대로 못하고 지내다보니…" 그들이 말했다.

"애들아, 아버지의 친척들이란다!"

어머니가 이렇게 말하기라도 하면 그들은 웃으며 말했다.

"엄마가 가족 클럽에 참가하셨네!"

그럼에도 불구하고 친절한 브레이크 교수의 집은 친척들의 방문 행렬이 끊이지 않았다.

한번은 클라라가 말했다.

"친척들이 적당히 아버지를 이용한다고 생각해. 아버지가 그들의 문제를 해결할 거라고 기대한단 말이지. 모두들 사소한 불만을 가지고 와. 아빠가 그들의 문제 해결보다 할 일이 더 많더라도 말이야. 어떤 때는 고맙다는 소리 한 번 못 듣는다니까. 아빠는 사람이 너무 좋으셔."

그런 측면이 있었다. 기꺼이 사람들을 돕고자 하는 너그러운 마음씨를 가진 교수님 내외의 부와 영향력을 지나치게 이용하려고 했다.

마리아 브레이크 여사는 필요한 비용을 확보하지 않은 채 자신만만하게 실내 인테리어와 가구 배치를 떠맡았다. 스타일과 전통적인 기호를 따지지 않고, 가족을 위해 독창적으로 아름답고 균형잡힌 공간, 전체적으로 살아있는 공간을 창조하는 데 초점을 맞추었다. 이런 원칙이 어떻게 위대한 예술적 가치를 지닌 오랜 전통의 요소와, 단지 개인적이고 감성적인 가치를 가진 새로운 요소들이 서로 자연스럽게 의미 있게 어울리도록 공간이 변화되는 역할을 했는지 살펴보는 것은 흥미로운 일이었다.

이 집은 꾸민 것이 아니라 유기적으로 자리잡은 것이다. 사람들은 별 생각 없이 집안에서 자유롭게 편안하게 돌아다녔다. 전통 있는 가족의 온화한 분위기라는 것에 억눌린 모습이 아니라 몸에 베인 듯했고, 분수에 맞는 부요와 즐거움, 안락함이 느껴졌다. 또한 눈을 즐겁게 하고 마음을 따뜻하게 하는 개인적 욕구보다 가족 전체를 아끼는 돌봄을 더 중요하게 여겼다.

캐롤라인 브레이크 여사는 베란다에 앉아 널따란 뒷뜰을 바라보았다. 며느리가 정원이 잡초로 대부분 뒤덮혀도 아이들이 자유롭게 뛰어 놀 수 있도록 하였다. 가지각색 아름다운 꽃잎의 장미나무들뿐이었고, 뜨거운 여름날이면 베란다에서 아침 식사를 하곤 했다.

정원에 잡초가 자라기 시작하자, 다듬지 않은 풀밭은 꽃들과 억센 잎사귀들로 무성했다. 그러면서 숨바꼭질하기에 적당한 어둠컴컴한 곳, 강도의 소굴 같은 곳이 생겼다. 작은 습지가 있어서 자연을 사랑하는 아이들의 수족관 같았고, 현미경으로 볼거리를 끊임없이 제공했다. 오래된 보리수나무의 굵직한 나뭇가지 사이에, 아이들은 아버지의 도움으로 튼튼하고 널찍한 나무집을 짓고, 그곳에서 오후 간식인 샌드위치를 먹으며 특별한 재미에 빠졌다.

정원은 이웃한 숲쪽으로 나무 울타리가 있고 문이 있는 데에서 끝났다. 브레이크 여사는 키 큰 잡초와 덤불 사이에서 막내손자의 푸른색 겉옷이 보일락 말락 하는 것을 발견했다. 가까이에는 진회색 주일학교 옷을 입고 있던 열 살 난 이웃집 철도공 로자 아들도 스쳤다. 두 아이의 목소리가 주일 오전의 고요함을 깨고 열려 있던 베란다까지 들려왔다.

이제 두 아이는 덤불 옆 작은 나무벤치에 앉았다. 막내는 주머니에서 거의 다 녹았을 초콜릿 한 조각과 쿠키 하나, 사과 반쪽을 꺼냈다.

"어젯 밤부터…."

그애는 이렇게 말하며 주머니에서 꺼낸 것을 친구에게 건넸다. 그것을 받은 친구 역시 주머니에서 꺼낸 봉지를 막내에게 들여다보게 하더니 무언가 꺼내며 말했다.

"어제 비가 내리길래 너의 벌레집을 위해 모은 거야. 이것 좀 봐!"

친구는 봉지에서 살찐 지렁이를 꺼냈다. 둘은 감탄하며 지렁이를 살펴보았다.

"고마워, 에리히."

막내는 그 봉지를 주머니에 집어넣었고, 에리히가 말했다.

"또 고양이가 이곳 새 둥지에 올라갈 것을 대비해 새총을 만들었어."

그는 즉시 친구에게 무기 사용에 대해 시연했다.

"새총에 작은 돌멩이를 올린단 말이지."

막내는 새총을 건네받았다. 두 소년은 한동안 번갈아 새총으로 나무기둥을 겨냥하며 시간을 보냈다. 둘 사이에는 그다지 말이 없었다.

잠시 후, 부엌 창문이 열리고 정원 쪽으로 자극적인 고기 굽는 냄새가 흘러나왔다.

"흠, 너희 집에서 기막힌 냄새가 나는데!" 에리히가 말했다. "우리 집은 오늘 양배추와 감자를 먹었는데. 너희 집은 고기를 먹나 봐?"

"잘 모르겠어." 막내가 대답했다. "어쨌든 종종 먹긴 해."

"우리는 일주일에 한 번 고기 먹어, 아버지가 일을 나가시지 않는 날. 오늘은 일을 나가셨지."

"오늘은 주일이야, 에리히." 막내가 말했다. "누구도 주일에는 일을 하지 않잖아?"

"그렇지 않아, 아버지는 철도에서 일하셔. 주일에도 일해, 심지어 야간에도 일을 하시는 걸."

"밤에?" 막내가 놀라서 물었다. "그렇다면 언제 잠을 자는 거야?"

"낮에 주무시지." 에리히가 말했다.

"그런데 왜 그 일을 하시는 거지? 철도 일은 아버지가 선택한 거잖아? 그렇다면 크리스마스는 어떻게 축하하지, 아버지가 일을 하면?" 막내가 물었다.

"지난번에는 다음날 축하했어." 에리히가 말했다.

"그건 좋지 않은데!"

"그래. 좋지 않아. 하지만 어쩔 수 없잖아."

"아버지가 '오늘은 일할 수 없습니다. 크리스마스니까요'라고 하시면 어땠을까?"

"일자리를 잃으셨겠지."

"좋아, 그러면 잘된 일이 아닌가?"

"이 바보야, 그렇게 되면 우리는 어떻게 먹고 사냐구."

"오." 막내는 주저하며 곰곰이 생각에 잠기더니 한참 후에 물었다. "에리히 형네 가족은 가난해? 가난한 사람들은 항상 배고프고 입을 옷도 없고 겨울에 춥게 지낸다던데."

"모르겠다, 막내야. 엄마한테 물어본 적이 있는데, 엄마는 우리가 충분히 가지고 있고, 가진 것만으로도 행복해야 한다고 하셨어."

"안 됐다!"

"왜?"

"모든 사람은 가난한 사람들을 잘 도와야 하기 때문이야. 단지 그들이 가난하다는 이유만으로 말이야."

"정말? 나는 그런 말을 들어본 적이 없어. 막내야, 너희 아버지는 부자니?"

"잘 모르겠어, 에리히 형. 나는 부자라고 생각하지 않아. 엄마는 결코 우리에게 돈 얘기 하시길 원치 않거든. 엄마는 항상 '마르크Mark'[13] 대신에 '마 m'라고 하셔. 나는 일주일에 10페니히만 쓸 수 있고 형은 50을 쓰지. 우리가 길거리에서 아이스크림을 사 먹는 걸 허락하지 않으셔. 당일치기 여행을 하더라도 필요한 모든 것을 집에서 챙겨가야 해. 형네 부모님은 우리 집이 부자라고 하셔?"

"우리 부모님이 그렇게 말한 적은 없어. 다른 사람들은 그런 식으로 말하지."

---

13) 독일의 화폐 단위, 1마르크(Mark)는 100페니히(Pfennig).

"오, 그런 생각 조금도 하지 마, 에리히 형. 그들은 우리를 화나게 만들려는 거야."

"막내야, 나중에 커서 뭐가 되고 싶니?"

"정확히 뭐라고 말해야 할지 모르겠어. 나중에 커서 큰집을 살 거야. 베란다를 높고 넓은 새장으로 만들고 싶어. 아프리카, 미국, 전세계를 여행하며 그곳에서 발견한 온갖 새들을 수집할 거야. 그리고 나면 형이랑 새들에게 먹이를 주면서 언제나 지켜볼 수 있겠지. 새들에 대한 모든 것을 알게 될 거야."

"굉장한 생각이야. 하지만 나 역시 철도 일을 하게 되겠지."

"왜?"

"아버지가 그렇게 말씀하셨어. 하지만 자주 너를 보러 올게."

"그럼, 당연하지. 매일, 매 주일, 지금처럼 말이야. 호르라기 가져 왔어? 가서 잠깐 덤불 속 새둥지를 살펴보자."

두 소년은 각각 주머니를 뒤져 작은 갈대 호르라기를 꺼냈다. 에리히의 아버지가 새울음을 흉내내도록 만들어 준 것이었다. 그것은 몇 달이 지나도록 가장 즐거운 놀이감이 되어 주었다.

두 아이는 자주 숨을 죽이며 긴 시간 덤불 속에 앉아 새 울음소리를 들었다. 대부분의 소리를 익힌 후 새소리를 흉내내기 위해 연습했고, 실제로 새들이 아이들에게 오기도 했다. 아이들은 근처에서 얼굴을 드러내는 고양이들을 미워했고, 모래를 한 움

쿰 던져 멀리 쫓아내기도 했다.

오늘도 그렇게 놀고 있었고, 마침 아이들이 덤불 속으로 사라지는 것을 브레이크 여사가 바라보고 있었다. 그때 날카로운 비명소리에 놀랐다. 막내 목소리가 분명했지만 그애가 보이지 않았다. 막내는 잘 울지 않는 편이었다. 혼자 다치더라도 울지 않았는데 이 울음소리는 도움을 청하는 것이 아니라 거의 폭력적인 비명에 가까웠다.

이미 브레이크 여사는 정원으로 향하는 계단을 내려가 숲쪽으로 달려가고 있었다. 그러나 막내를 찾을 수 없었다. 어디선가 나즈막하게 흐느끼는 소리가 들렸고, 덤불 속에서 무릎을 꿇고 있는 아이들을 발견할 수 있었다. 막내는 작은 새를 손에 쥐고 있었다.

"둥지에서 내동댕이쳐졌어요!" 그애는 할머니가 다가오는 것을 보자 울먹이며 말했다.

"누가? 고양이가 또?"

"아니요, 그놈보다 더 나빠요. 어미 새가, 비열하고 악한 짐승이에요!"

새가 한 번 더 경련을 일으키더니 막내의 손에서 죽어버렸다. 그애로서는 감당하기 힘든 일이었다. 어린 막내는 당한 일에 너무 놀라 손을 펴자 죽은 아기 종달새가 땅에 떨어졌다. 순간적으로 미안했던지 얼른 아기 새를 주워 할머니에게 보여주었다.

"땅에 묻어 주려무나." 브레이크 여사가 말했다. "그곳이 가장 편안한 곳일 게다."

한마디 말없이 큰 삽을 들고 있던 에리히는 땅을 깊이 파냈다. 막내는 죽은 새를 땅속에 내려놓고 무덤 위를 덮었다. 할머니는 손자의 손을 잡고 집으로 갔다. 에리히도 잠시 머물다가 서둘러 집으로 돌아갔다.

"왜 어미 새가 그런 짓을 했을까요?"

손자를 방으로 데리고 가서, 세수하고 저녁 식사하도록 도우려는 할머니에게 막내가 물었다.

"아마 아기 새가 병들어서 너무 약해졌을 게다." 브레이크 여사는 조용히 대답했다.

'어린 것이 너무 버릇이 없었기 때문이다'라는 식으로 말해서 이런 강렬한 경험을 정직하지 못한 도덕 수업으로 치환시키려고 할 필요는 없었다. 브레이크 여사는 영악한 속임수나 주변부나 건드리는 것보다 진실이 가장 강한 교육이라고 믿었다.

막내는 이 냉정한 대답에 깜짝 놀라 가만히 생각해야 했다. 그의 눈물이 말라 갔다. 이에 대해 이해하려고 했으나 이해가 되지 않았다.

"아기가 너무 약하고 병들어서 엄마가 둥지 밖으로 던져버렸다? 돌보지도 않고?"

"애야, 동물의 세계는 오직 강하고 건강한 놈만이 살아남는 거란다. 인간만이 다를 뿐이지."

"하지만 어린 자식을 죽인다는 것은 엄마가 악하다는 것이잖아요!"

"애야, 그렇게 말하는 것은 공평하지 않아. 동물들은 죄가 없단다. 단지 살기 위해 그렇고 다른 방법을 모르기 때문이야."

막내는 머리를 흔들었다.

"모르겠어요. 그렇다면 이 다음에 결코 새집을 가지지 않을 거예요. 할머니, 하나님은 이러한 모든 것을 아신다고 생각하세요?"

"물론이지, 하나님은 당연히 아시지. 참새 한 마리도 아버지의 뜻이 아니면 땅에 떨어지지 않는다고 예수님께서 말씀하셨단다.[14]

"예수님은 확실히 아시는 거죠?"

"그럼, 그분은 확실히 알고 말고."

"하나님은 우리가 방금 땅에 묻은 아기 새도 알고 계시는 거

---

14) 마태복음 10:29

7월의 뜨거운 한낮에

죠. 그렇다면 지금 하나님과 함께 있겠네요?"

"그럼, 하나님은 아시지. 예수님이 또 말씀하시길, 하나님 앞에서는 참새 한 마리도 잊혀지지 않는다고 하셨거든."[15]

"좋아요, 모든 일이 잘된 것 같네요." 막내는 말했다.

"그래, 하나님의 뜻은 항상 선하시단다." 할머니가 말했다.

꼬마는 곰곰히 생각했다. 그리고 한참 후에 말했다.

"인간은 동물과 다르게 일하는 게 맞지요? 아빠는 병든 사람이나 약한 사람들을 도우시잖아요. 그렇죠, 할머니?"

"그래, 애야. 그렇게 하려고 노력하시지."

"항상 그들을 도울 수는 없나요?"

"자주, 그러나 항상 그럴 수 없단다."

"그렇다면 그들은 죽어야만 하나요?"

"그렇단다, 애야."

"그 다음엔 무슨 일이 일어나죠?"

"그들은 하나님 앞에 얼굴을 대면하게 되지. 그리고 그들이 하나님과 함께 할 수 있는지 묻게 되지."

"하나님은 엄격하신가요?"

"그렇단다, 하나님은 우리에게 매우 엄격하시단다. 그러나 항

---

15) 누가복음 12:6

상 선하시지."

"사람들은 죽기 전에 자신이 죽어 간다는 사실을 항상 알 수 있나요?"

"아니, 항상 그런 건 아니란다. 가끔 그런 경우가 있지."

"저는 죽기 전에 알면 좋겠어요. 그래서 서둘러 좋은 일을 많이 한다면 하나님이 천국으로 데려 가실 거 아니에요."

"하나님은 모든 것을 해야만 하는 분이 아니야. 하나님은 하나님이 기쁜 일을 하신단다."

"그러나 진심으로 하나님께 부탁하면 어떨까요?"

고요한 숲속 연못에서

 그 시각, 브레이크 집안의 젊은이들은 고요한 숲속 연못 근처에서 점심 식사를 하려고 가던 길을 멈추었다. 이른 아침, 다섯 시경에 몇 시간이나 지나도록 기차를 타고 집에서 멀리 떨어진 숲속을 탐험하며 하이킹을 했다.

 도보 여행자들은 거의 이쪽으로 오지 않아서 사람을 만난 지 벌써 한 시간이 넘었다. 그들은 숲속 오솔길을 따라 도보 여행을 즐기고 있었다. 길가에는 밝고 맑은 빛깔의 잎새들이 얽혀 있는 키 큰 고목들이 늘어서 있었고, 개울물이 급물살로 흐르다가 폭이 넓어지기도 하면서 길을 따라 흘러가고 있었다.

지형에 대한 탁월한 감각으로, 그들은 어디쯤에서 언덕이 낮아지고 땀을 닦을 수 있는 숲속 연못이 어디에 있을지를 정확하게 추측했다. 실제로 나무들 사이로 반짝이는 금빛 물결을 발견하자 모두 환호성을 질렀고, 연못가의 나무로 뒤덮인 경사지를 달려 내려갔다. 젊은이들은 어느새 배낭을 내려놓더니 수영복을 꺼냈다.

그때 클라라가 소리쳤다.

"잠깐, 먼저 점심 식사를 위해 버섯을 채취해야 해. 버섯 요리를 하는 동안 나머지 사람들은 물속에 들어가는 거야!"

그들은 버섯 채취를 위해 집에서 가져온 그릇을 손에 쥐었다. 정확히 삼십 분이 지나자 일행은 이끼가 깔린 땅바닥에서 놀랍도록 다양한 버섯들을 채취해 가져왔다. 사람의 발길이 닿지 않은 숲속 끝자락에서 군락을 이루고 있는 단단한 내한성의 식용 포르치니버섯porcini, 밝고 노란 살구버섯chanterelles, 밤나무버섯chestnut browncaps, 아직 펴지지 않은 키가 크고 깃털 모양의 우산버섯, 멋진 푸른색 주름버섯, 오렌지 주름버섯, 그리고 무수히 많은 자극적인 마라스미버섯marasmi, 모두 숲속에서 강하게 살아있는 화려한 생명력을 자랑하고 있었다.

클라라와 마틴이 버섯을 씻고 감자를 깎는 동안, 연장자들은 안전하게 화로를 만들고 불을 붙였다. 얼마 지나지 않아 냄비

아래에 불이 붙으며 탁탁 소리를 내기 시작했고, 그 사이 어린 친구들은 물속으로 들어가 물장구를 치며, 웃고 떠들며 놀고 있었다. 큰 뗏목을 발견하여 놀라고 기뻐하면서, 교대로 일광욕을 하다가 물속에서 놀기도 했다.

어린 동생들이 수영을 즐기는 동안, 클라라는 연못가에서 식사를 준비했고 이제 다 모여서 식사하자고 불렀다. 올해 새로 캐낸 감자와 신선한 버섯향, 시원한 연못가 나무그늘 아래에서의 식사는 무엇과도 비교할 수 없는 향연이었다. 모두들 조용히 영양가 있는 음식을 즐겼다.

이 젊은이들은 각자 숲속, 태양, 물, 각자의 동료들, 가족, 고향, 그리고 자유로움을 흠뻑 누리며 심취했다. 다소 의식적으로 자기 존재 깊숙이 큰 선물로 받아들였다.

이제 한낮의 휴식을 즐길 시간이었다. 수면에 환하게 내리쬐는 태양빛의 반사는 눈부시도록 반짝였다. 잠자리들은 수면 위에서 앞뒤로 달려가기도 하고 갈대 위아래로 오르내렸다.

열다섯 살의 마틴은 뗏목에 누워 한동안 잠자리들이 물속 풀잎에 내려앉는 모습과 수면 위를 오가는 날개짓들을 경이롭게 유심히 관찰하고 있었다. 왜 잠자리들은 물속을 찾아다니는가? 거기에 무엇을 감춰둔 거지? 어떻게 그 속에서 호흡할 수 있는 걸까? 그는 의아했다. 오늘 밤 아버지에게 물어볼 것이다.

태양이 그의 등을 뜨겁게 하자, 나뭇가지로 능숙하게 뗏목 위에 그늘을 만들고 노를 저어 천천히 연못가를 따라 이동했다. 이따끔 그가 다가갈 때마다 물새들은 재빨리 잠수했다. 작은 물고기가 수면 위로 뛰어오르는 장면을 즐기며 지켜보기도 했고, 뗏목 안으로 뛰어 오른 살찐 개구리를 연못 속으로 던져 버렸다. 한번은 갈대 사이로 소리가 들리더니 큰 물새가 솟구쳐 올라 힘차게 날개짓하면서 마틴의 머리 바로 위를 스쳐 지나갔다.

"아, 백로다!"

마틴이 놀라고 흥분되어 소리쳤다. 그리고 곧 조용해졌다.

클라라는 거대한 너도밤나무그늘 아래에서 깊은 잠에 **빠졌**다. 가만히 평온하게 호흡하며 여름 숲속의 공기를 들이마셨다. 그녀의 짙은 금발머리는 어깨와 가슴으로 흘러내려 있었다.

프란쯔는 주변을 말끔하게 정리했다. 완벽하게 방해받지 않는 상태가 되기까지 잠자고 싶지 않았던 그는 오래된 나무 그루터기에서 책을 무릎에 올리고 벌레들이 가까이 오지 못하도록 목 주위에 낡은 비옷을 감싸고 앉아 있었다. 이제 주위 세계는 의식 속에서 사라져 갔고, 그가 보는 모든 것은 에밀 졸라Emile Francois Zola의 『게르미날』에 나오는 광산 노동자들의 굶주린 모습이었다.

"그게 진짜 삶이 있는 곳이야. 우리의 진짜 일을 발견하는 곳,

오직 그곳만이 삶 가운데 우리 자신을 증명할 수 있는 곳이지. 그 외에 다른 모든 것은 연극이고 꿈이고 시간 낭비일 뿐이야. 사소한 것들일 뿐. 사실은 무책임하고 부패하고 도둑질보다 더 나쁜 것이지." 프란쯔는 큰소리로 중얼거렸다. "제기랄, 내가 왜 잠에 휩쓸리고 빠져들어가야 하는 거지!"

그는 이런 식으로 말하고 싶을 때 형제자매에 대해 생각할 겨를이 없었다. 만일 평화스럽고 천진난만하게 자고 있는 어린 여동생들의 모습이나, 또는 온통 정신을 집중해서 물가에서 벌어지는 일들을 관찰하고 있는 어린 남동생들을 보았다면, 또는 조금 전까지 함께 즐겼던, 그렇게 행복하고 친환경적인 간단한 식사에 대해 생각했다면, 그 순간에 의심할 여지없이 자주 책에서 말하는 것보다 삶이 더욱 풍요롭고 다양하다는 것을 알아차렸을 것이다.

그러나 그것을 알고 싶지도 보고 싶지도 않았다. 그는 은자처럼 이상한 차림으로 앉아, 보다 좋고 보다 공평한 아름다운 세상의 환상을 떠올리면서 활기가 넘치는 표정이었다. 그토록 가까이 있는 실존 세계의 선하고 아름다운 것은 미래의 열정적인 형상 앞에 재로 무너졌고, 그는 바라던 미래의 새벽이 온 것이라고 믿었다.

이런 모습을 누군가 보았다면, 깊고 짙은 눈과 아직은 광적으로 보이지 않는 따뜻한 표현, 고개 숙이고 집중하여 책 읽는 모습과 잘 생긴 이마, 이러한 모습으로 인해 스무 살 청년인 그에게서 강한 인상을 받았을 것이다. 그러나 혜택받지 못하거나 약한 자들에게 마음이 가 있던 그는 동료들 사이에서 가까이하기 힘든 존재라고 평판이 나 있었고, 나약하고 평범한 친구들조차 거만하게 여겼다.

태양 빛이 가득한 연못으로부터 나무 없이 비스듬히 오르막인 경사지에서, 크리스토프와 울리히Ulich는 높다란 잡초에 등을 기대어 머리에 손베개를 하고는, 이따금 시선을 하늘로 향하기도 하고 연못을 가로질러 바라보기도 했다. 회색 아마포 속옷을 입은 그들은 모자를 아래로 깊숙히 눌러 쓰고, 그을리고 강인해진 피부에 태양이 침투하지 못하도록 했다.

누군가 둘을 보았다면 형제라고 생각했을 것이다. 실제로 종종 겪는 일이기도 했다. 사실 울리히가 열두 살이었을 때 그의 어머니와 함께 이웃으로 이사 왔고, 크리스토프 학급에 배정되었다. 그는 브레이크 집안에서 가족처럼 대우받았으며, 형제처럼 어울렸다. 울리히는 집안의 행사나 모임, 야유회, 모든 축하 파티에 참석하는 것을 당연하게 여겨졌다.

큰형과 달리 그에게 강한 동지애를 느낀 크리스토프는 그와 대화하고 싶었다. 그의 동생들은 너무 어렸다. 따라서 울리히

그러나 혜택받지 못하거나 약한 자들에게
마음이 가 있던 그는 동료들 사이에서
가까이하기 힘든 존재라고 평판이 나 있었고
나약하고 평범한 친구들조차 거만하게 여겼다.

없는 크리스토프는 더 이상 상상할 수 없었다.

그들의 관계는 좀처럼 보기 드문 그늘이 없고 파괴할 수 없는 우정의 관계였고, 젊은 친구들을 풍요롭고 행복하게 만들었으며, 내적인 위험으로부터 보호하기도 하고, 길을 잃지 않도록 하기도 했다. 그 우정은 어색함과 불안했던 사춘기에는 성급하게 감춰졌고, 그 후 고급 포도주의 건조한 향처럼 숙성되기까지 성숙해지면서 분명하게 드러났다.

크리스토프와 울리히는 학교나 집에서, 셀 수 없이 많은 도보여행을 하면서 서로 세밀한 습관, 생각, 관심, 능력, 천부적인 성격 등 세세한 것까지 알게 되었다. 그들은 삶의 근본적인 요소에 있어서 일치점을 발견하고 즐거워했다. 이제 어떤 상황이든, 아무리 시시콜콜한 외적인 표현이나 말투 가운데 사소한 암시일지라도 서로 완전히 이해하고 있다고 확신할 수 있었다. 그럼에도 불구하고 서로 싫증을 느끼지 않았다. 열정적이고 활달한 크리스토프는 울리히의 명료하고 직선적인 성격에 의존하게 되었고, 마찬가지로 울리히는 크리스토프의 확신과 결단력에서 그가 필요로 했던 것을 발견했다.

"이번엔 정말 확실히 허접한 수학여행이었던 게 맞아."

울리히가 기지개를 펴고 무릎을 가슴까지 올리며 말했다.

"넌 아직 수학여행에서 보낸 사흘이 어땠는지 말하지 않았잖아?" 크리스토프가 돌아보지도 않고 물었다.

"정말 한심한 거였어, 말해 줄게. 솔직히 생각조차 하기 싫어. 노천맥주집, 온갖 종류의 술, 허풍과 추잡한 대화, 오후 내내 도시홍보팀을 쫓아다닌 시가행진, 물론 긴 바지와 밝은 색 타이, 매끄럽게 흘러내린 머릿결, 하지만 목 이하는 닦지 않은 모습으로 말이야. 내가 말하는 것은, 그것만으로도 너를 아프게 하기에 충분하다는 것이지. 밤새 공원에서 시간을 보내는 것 등등. 난 아이들이 거기에 내버리는 돈을 어디서 가져왔는지 관심조차 없어. 그 모든 것이 김나지움 상급반 반장의 놀라운 발상이었던 거지."

"그럼 왜 거길 따라간 거지? 나는 그럴 거라고 바로 알아차렸는데."

"너도 알잖아. 나도 그런 줄 알았어. 하지만 어머니는 내가 가길 원하셨거든. 우리가 다른 아이들과 너무 어울리지 않는다고 하셨어. 그것은 좋지 않다고. 너는 안 갈 거라고 어머니에게 말씀드렸을 때, 너와는 별개라고 하셨지. 혼자 가는 것도 나쁘지 않다고 하셨어. 어머니는 너희 가족과 함께 지내면서 어머니의 환경이나 내 환경과는 적합하지 않은 삶의 방식에 익숙해지는 것을 걱정하지 않을 수 없었던 거야."

"그런데 소위 삶의 방식이라는 것, 예를 들어 오늘 우리가 지낸 방식은 특별한 친구들이나 즐기는 허황된 휴가같이 비싼 것은 아니잖아." 크리스토프는 웃으며 말했다.

"물론 크리스토프, 어머니도 그 정도는 아시지. 어머니는 내가 외톨이가 되는 것 이상을 말씀하시는 거야. '너는 수 천 명 중 하나란다'라고 하시지. '너는 그들과 어울리는 것에 익숙해져야 된단다. 평생 네 인생을 브레이크의 집에서 보낼 수는 없단다.' 실제로 내가 익숙해지길 원하는 게 무엇인지 어머니가 아신다면, 내가 김나지움에 있는 한 잠시도 편한 날이 없을 거야. 그러니 내가 어떻게 말씀드릴 수 있겠어? 어쩌면 골고루 경험하는 것도 나쁘지 않겠지. 그러나 휴, 역겨워. 모두 그런 것은 아니지만 대개 어느 정도 큰 바퀴가 그렇고 나머지는 그렇지 않잖아. 아, 메이어가 쫓겨났다는 소리 들었니?"

"정말, 그거 잘됐네. 그는 야비한 선배야. 그 선배에게는 공손히 대하고 싶은 마음이 생기지 않아."

"그런데 그가 쫓겨난 건 그런 이유가 아니야. 졸업 시험이 있기 한참 전에, 그러니까 여름방학 전에 이미 세 번이나 자격시험에서 떨어졌다는 거야. 그애 어머니를 알아. 재봉사인데 아들이 이 학교를 졸업할 수 있도록 손이 닳도록 열심히 일하셨지."

"헌신하신 거네!"

"크리스토프!"

"그래, 울리히. 내 생각이 맞지? 김나지움을 졸업하고 대학을 가기 위해 밀치고 다투고 하는 모든 멍청이들에게 무엇인들 유익하겠어? 먼저 네가 수학여행에서 본 바로 그것들로부터 얻는 것이라면 말이야. 그것들이 대학에 가면 부풀려진 모습으로 나타나겠지. 마지막으로 완전히 무지한, 젠 체하는 선생이나 판사, 또는 정부고위관료가 되겠지. 술집에서 친구들에게 자기 아내한테는 꺼낸 적 없는 김나지움과 대학에서의 탈선 행위를 죄다 털어놓으며 허풍을 떨겠지. 그래, 메이어 같은 녀석들은 유통 일이나 배우는 게 백 배 나을 텐데, 좋든 싫든 말이야."

"메이어 같은 녀석에겐 유통 일에도 해로울 거야, 자격을 얻지도 못하겠지만."

"네 말이 맞아, 울리히. 우리가 아는 거로는 그 녀석이 할 수 있는 최선의 직업은 싸구려 선술집에서 술을 섞는 일이지. 그러나 문제는 더 깊은 데 있어. 만일 메이어 부인이 인생을 바쳐서 다른 어떤 사람이 아닌 '의회의원'이나 '정부관료'가 되어야 한다고 주입시켰다면, 부지런하고 자립심 강한 재봉사 메이어 부인이 시 세무서의 안경 쓴 직원과 마주해야 할 만큼 초조해졌다면, 이미 무언가 잘못되어 가고 있는 거야. 물론 부인의 야심에 영향을 미치게 될 것이고. 꽤나 능력 있는 것으로 생각되는 자식은 잘못된 야심과 걱정으로 머리를 두들겨 맞을 것이고, 그애는 '누군가'를 존경하게 될 때까지 그렇게 될 거야. 그런데 메이어 부인은 자신이 한 일이 전적으로 선하신 주님을 기쁘게 하는 것임을 믿고 있을 테고, 결국 잘못된 곳으로 그를 인도하는 셈이지. 만일 자식이 언젠가 독단적 행위를 하려고 한다면, 그녀는 하나님에게 사악함으로부터 자식을 구원해 주시도록 기도할 거야. 그럼에도 불구하고 불쌍한 자식은 제대로 시작하기도 전에 부서지게 될 걸. 졸업하는 우리의 선배 아치볼드 메이어 씨가 만일 야망 있는 정부관료처럼 술집을 드나들고, 카바레에서 여자를 찾는 일이 아무렇지 않게 여긴다면, 또 마지막으로 졸업 시험에 낙제하고 어머니를 비참하게 만드는 것 또한 아주 끔찍한 일이 아닌가?"

크리스토프는 그렇게 말하면서 곤추 앉았다. 하지만 정말 야망 있는 공직자처럼 보이지는 않았다.

"그러면 이 모든 재앙은 누구에게 책임이 있는 거지?" 그는 계속해서 말했다. "다름이 아니라 기조를 정한 계급, 소위 상류계급이지. 사람들은 그들을 인생의 성공 모델로서 보고 있어. 상류계급은 이미 상당 부분이 썩었고, 비열한 아첨꾼들이 차지하고 있고, 그들은 위로는 아첨하고 아래로는 폭력을 행사하는 자들이지. 외부로는 현란한 수사로 현혹하고 안쪽으로는 부패해 있다구. 중요한 역할을 할 수 있는 소수의 제대로 된 자들과 그 가족들은 스스로 물러나지. 그들은 이 공허하고 교만한 사회에 의해 거절당하기 때문이야."

"울리히, 거기에 문제가 있는 거야."

"우리는 다시 진정한 상류계급이 필요해. 어디서 얻을 수 있을까? 너는 기조를 정하는 것은 소수가 갖고 있고 나머지는 따를 뿐이라고 말하지. 그것이 의미하는 것은 간단히 말하면 울리히 카르스텐센과 크리스토프 브레이크가 기조를 정해야 한다는 것, 아치볼트 메이어가 아니라는 것을 의미해. 우리는 돌아갈 수 없어. 잘못된 겸손은 상황을 개선하지 못하지."

귀기울이던 울리히는 일어났다가 앉아 크리스토프를 유심히 바라보았다. 그는 크리스토프가 분명하고 아주 진지하게 주장하는 것을 좋아했다. 비록 크리스토프의 생각에 동의하고 따르기는 했지만, 동시에 그에 대한 관점에 있어서 항상 명확하게 보다 단순하지만 깊이 있게 바라보았다.

"네 말이 맞아, 크리스토프. 우리에게 달려 있지. 그러나 정말 우리는 오늘날 사람들에게 감염되어 있는 야망streberei이라는 독소와 쾌락의 욕망에서 면제되어 있는 걸까? 봐, 나는 이걸 얘기하는 동안 어머니 생각을 해. 확실히 보통 여인이지. 아버지와 마찬가지로 마을 오르간 연주자이고 성가대 지휘자인 사람이 상류계급에 속하지는 않지. 아직 어머니가 윗분들을 대할 때 잘못된 야망이나 걱정의 흔적을 본 적이 없어. 상당히 겸손한 분이셨지만, 어디를 가든지 자유와 확신을 가지고 움직이셨고, 그 모습 이상 무언가가 되길 원하지 않으셨지. 물론 너희 집에 내가 있는 것이 무얼 의미하는지 정확히 아셨어. 나는 어머니가 너희 부모에게 보답하지 못하는 걸 힘들어 하실 거라고 생각하지 않아. 어머니가 무엇을 걱정하시는지 알아. 어머니는 너와 함께하면서 무언가 더 많은 것을 생각하게 될까? 또는 실제 나 자신보다 더 무언가가 되고 싶어 하나? 나의 배경과 재능 이상의 것을 가지려는 건 아닌지 걱정하시지. 언젠가 나와 나의 배경이 너의 가족과 구분되는 것을 느끼게 될 때 불행해지는 건 아닌지 걱정해서.

내 말은 어머니는 가능한 한 사회적 신분 상승을 바라는 현대병으로부터 자유롭다는 거야. 어머니가 어디서 그런 자유함을 얻었는지 물어볼 때마다 한 가지 분명한 것은 기독교적 믿음으로부터라고 하셨어. 그것이 그런 확신을 주는 동시에 겸손함을 주는 거지. 이제 가끔 실천하는 삶의 방식, 그 이유는 어머니가 가진 것을 가졌다고 여기지 않기 때문이라고 생각해. 내가 말하는 의미를 알겠지, 크리스토프? 만일 다르게 일이 이루어진다면, 만일 어느 날 새롭고 순수하고 책임 있는 상류계급이 나타난다면, 이들은 어머니가 가진 것을 가져야 한다고 생각하지 않을까? 그렇지 않다면 곧 과거의 부패한 방식으로 돌아가게 될 거야."

울리히는 그의 생각을 말만으로 크리스토프에게 전달하는 게 쉽지 않았다. 그는 이것과 씨름했다. 그러나 따뜻하고 자연스런 성품, 태도, 엄청난 겸손이 그의 말을 듣는 청중으로부터 주의를 끌었고 매료되도록 했다. 크리스토프가 같은 생각을 새로운 방식과 새로운 관점에서 제시하기를 좋아하고 쉽게 표현하는 것을 즐기는 반면, 울리히는 단번에 형성된 생각을 크리스토프에게 발전시키도록 넘겨서 그것이 결합하여 효율적인 메시지로 구체화되도록 하였다. 울리히는 대부분 듣는 쪽이었다.

다른 사람들은 그가 크리스토프의 생각에 근본적으로 반응하는 것에 감명을 받을 것이다. 그러나 실제로 대부분 울리히의 생각, 관찰과 느낌이었고 간략하고 서투르게 표현된 것들을 크리스토프가 자기 인식을 담아 뛰어난 형태로 전달하는 것이다.

그럴 때마다 울리히는 크리스토프가 자신의 생각을 이해하고 확신시키는 해석자의 역할을 하는 것에 깊은 감동과 만족을 느꼈다. 이 말을 둘 사이에서 표현한 적은 없었다. 울리히가 이런 생각들을 부끄럽게 여겨서가 아니라 단순히 그들 사이의 문제가 아니었던 것이다. 울리히가 이러한 일들에 대해 내면에서 실마리를 풀어내어 깊이 자각하기까지, 인식 속에서 명료해지고 언어로 전해지기까지 상당한 시간이 걸렸기 때문이다.

크리스토프는 놀랐다. 그는 울리히가 둘 사이에 매우 새롭고 중요한 이야기를 했다는 것을 즉시 감지했다. 이전에도 이러한 경험을 울리히와 몇 차례 한 적이 있었다. 방금 크리스토프가 새로운 상류계급의 필요에 대해 말할 수 있었던 것은 울리히의 몇몇 놀라운 생각이 확장된 것이었다.

크리스토프는 울리히를 쳐다보았다.

"그러면 너는 우리가 더 많은 종교[16]를 가져야 한다고 생각하는 거야? 언젠가 우리가 책임있는 자리에 있으려면?"

"내 생각에, 크리스토프. 차라리… 그게 아니라 우리가 크리스찬이 되어야 한다고 생각해."

크리스토프는 연못을 바라보았다. 그곳에는 마틴이 뗏목에서 관찰 대상에 몰입한 채 노를 젓고 있었다. 크리스토프는 숲과 광활하게 펼쳐진 하늘을 바라보았다.

"정말 고리타분한 생각이군!" 그가 말했다.

울리히는 대답하지 않았다.

"그리고 껄끄럽기도 하구."

---

16) 괴테(Goethe)의 표현 인용: "If you possess science and art, You also have religion. If you possess neither, you are obliged to have religion"(괴테, Spruche in Reimen,6, no. 9, 161)

이전에도 이러한 경험을 울리히와 몇 차례 한 적이 있었다.
방금 크리스토프가 새로운 상류계급의 필요에 대해 말할 수 있었던 것은
울리히의 몇몇 놀라운 생각이 확장된 것이었다.

울리히는 가만히 있었다. 오랜 침묵이 흘렀다.

"울리히, 너는 네 엄마에 대해 말하고 있는 거지." 크리스토프가 다시 입을 열었다. "내가 얼마나 그분을 좋아하는지 알지. 이런 어리석은 표현을 용서하길 바래! 그러나 지금 난 아빠와 엄마에 대해 생각하고 있어. 그분들은 진짜 크리스천이라고 말할 수 없어. 적어도 세상의 통상적 감각으로는. 그분들은 교회에 나가지 않으셔. 단지 막내 때문에 식사 전 감사기도를 드릴 뿐이지. 그러면서 잘못된 욕망이나 출세주의, 지위, 명예 따위에 감염되지 않으셨어, 너희 어머니처럼. 탁월하다는 것에 의기양양해 하는 자보다 백 배 더 선한 노동자나 기술자를 선호하지. 왜 그럴까?"

울리히는 잠시 생각했다.

"왜냐하면 그것에 대해 아는 것도 없으면서 확실하게 말할 수 없어. 실제로 그분들의 삶이 기독교 정신에 기초하고 있기 때문이야. 무의식적인 기독교 정신이겠지."

울리히는 팔을 무릎에 감은 채 꼼짝하지 않고 앉아 있었다. 그가 갑자기 웃음을 터뜨렸다.

"걱정하지 마, 크리스토프. 난 구세군 참회실에서 무릎을 꿇지 않았으니까. 소종파에 가입하지도 않았고."

크리스토프 역시 이런 모습에 웃을 수밖에 없었다. 울리히가

기도실에 있다면 어떤 고백을 할까? 기괴한 생각. 아니, 그것은 확실히 그가 의도할 리 없었다. 크리스토프는 왔다갔다 하면서 좀 더 생각에 빠졌다. 그러다가 멈춰서서 울리히를 바라보았다.

"무언가 잘못된 게 여기 있을 거야, 울리히." 그가 말했다.

"내가 아는 한, 그리스도는 사람들을 구분 짓지 않으셨어. 선하건 악하건, 정의롭건 죄를 지었건, 올바르건 비열하건 간에 말이야. 나는 소위 세리라고 하는 사람들은 사람들을 배신한 비열한 악한이라고 생각했고, 창녀들도 그때나 지금이나 아치볼드 메이어 같은 사람이라고 생각했어. 그리고 아직도 악명 높은 숀록 목사와 함께 했던 보충학습반을 기억하고 있어. 바울이 말하길, "더 이상 유대인이나 헬라인은 없고 종이나 자유인이 없고 남자나 여자가 없다. 하나님은 세상에 천하고 멸시당하는 사람들을 택하셨다[17]"고 했어. 따라서 크리스찬의 가르침은 모든 사람이 평등하다. 아니, 차라리 약자와 악한 자가 더 낫다고 말해야 한다. 그것은 바로 너와 내가 매일 경험하고 있는 것, 우리가 생각하고 원하는 것과 정반대야. 그렇다면 어떻게 기독교가 이 세상에 새로운 상류계급, 엘리트를 만들어 내는 데 일조한다는 것이지? 그것은 단지 대책 없이 피상적 평등의 종류만 만들

---

17) 갈라디아서 3:28, 고린도전서 1:27

"내가 아는 한, 그리스도는 사람들을 구분 짓지 않으셨어.
선하건 악하건, 정의롭건 죄를 지었건,
올바르건 비열하건 간에 말이야

어 내는 것은 아닐까?"

울리히는 다시 잠잠해졌다. 이 대화는 그로 하여금 캐롤라인 브레이크 여사를 떠올리게 하였다.

"그리고 네 할머니는, 크리스토프? 확실히 기독교를 진지하게 믿고 있고 웬만한 목사보다 더 잘 이해하시지. 너는 할머니께서 사람들을 구분 짓지 않는다고 생각하니? 그분은 우리가 생각하는 것처럼 누군가는 높은 지위에 또 다른 누군가는 낮은 지위에 있어야 하고, 모든 것은 권위를 가진 정당한 사람들에게 의지한다고 생각하지 않으시는 거니?"

크리스토프는 놀랐다.

"난 잘 모르겠어. 여기에 뭔가 모순이 있어." 그는 말했다.

"맞아, 나도 잘 모르겠어. 크리스토프, 네가 여기 있다는 것은 그것을 알아내기 위한 거야. 불행하게도, 여기 더 영리한 친구와 함께 있다는 것이지."

"그런 쓸데없는 소리 하지 마, 울리히."

바로 그때 풍덩, 연못에 뛰어드는 소리가 들렸다. 곧 클라라의 붉은 수영모자가 떠올랐다. 그녀는 낮잠에서 빠져나와 또 다시 잠수하러 들어간 것이다. 몇 초 후 마틴이 뗏목에서 "야호!"하고 즐거운 비명을 지르며 연못 속으로 뛰어들었고 클라라 옆에서 떠올랐다.

그것은 크리스토프와 울리히의 대화, 그들의 쟁점을 끝내게 하는 신호였다. 그들은 서로 앞다투며 언덕을 달려 내려가서 누가 뭐랄 새도 없이 물속에 몸을 담갔다.

"우와, 정말 차갑다!"

그들은 햇볕에 막 구워진 듯 숨을 헐떡거렸다. 이제 은자 같은 프란쯔도 입었던 우비용 망토를 던져버리고 연못가에 책을 둔 채 그들을 향해 헤엄쳐 오는 모습을 볼 수 있었다. 그렇게 해서 오전의 게임과 놀이가 다시 시작되었다.

무례한
침입자

갑자기 날카롭게 으르렁거리는 듯한 목소리가 연못의 즐거운 웃음소리를 가로막았다. 연못 어귀에 사냥용 노란 부츠를 신고 최신형 녹색 제복을 입은 호리호리한 젊은 남자가 승마용 채찍을 들고 서 있었다.

"물에서 나와, 이봐 안 들려. 이 불량배 패거리 녀석들! 더러운 오물들을 어디다가 버리는 거야? 물에서 나오지 못해! 하나, 둘, 셋, 빨리 못 나와! 흠, 빨리 움직여, 안 들려? 서두르란 말이야! 내가 하루종일 너희 같은 빌어먹을 녀석들이나 상대하란 말이냐?"

그는 계속해서 다그쳤다. 무례한 말투로 조금의 인간미도 없이 한순간에 평화로운 숲속 연못을 유격 훈련장으로 바꿔 놓았다. 마틴은 물가에서 가까이 있었기에 가장 먼저 기어 올라와 몸을 떨며 거기에 섰다.

"여길 건너가려고 하는 거냐, 이 불량배들아!" 노란 부츠가 소리쳤다.

한편 마틴은 자신을 추스르고 반항끼 섞인 표정을 지으며 그 남자에게 다가갔다.

"뭐야, 나한테 덤비겠다는 거야? 좋아, 잠깐 기다려라. 꼬마, 잘 봐라. 오늘 아주 우스운 꼴을 맛보게 할 테니!" 이 말과 함께 제복 입은 남자는 마틴의 귀를 한껏 당겨 올렸다.

그 순간 프란쯔가 물가로 나왔고, 사냥꾼이 동생의 귀를 잡아 당기는 것을 보자마자 제복 입은 그에게 몸을 날렸다. 공포에 질린 노란 부츠는 뒷걸음질쳤다.

"당장 내 동생한테서 떨어져!" 프란쯔는 소리쳤다. "안 그러면…."

사냥꾼은 마틴의 귀를 잡은 손을 내려놓았고, 험악하고 분노에 가득 찬 프란쯔의 표정을 보고 창백하게 변했다.

"날 건드리지 마. 경고하는 거야." 그는 말채찍을 휘두르면서 더듬거리며 말했다. "너희 중에 누구라도, 도시의 건달들 주제에 여기서 나가는 길을 어떻게 알겠냐? 좋아, 여기 누더기 옷을 어서 입고 빨리 떠나라. 내가 너희 팬티 위에 채찍질하지 않는 것을 감사하게 생각해라."

프란쯔는 분노로 이성을 잃고 소리 질렀다.

"그래. 우리가 천한 건달이고, 우리 옷이 누더기 같은 옷이라고 하자. 그렇더라도 당신이 누군데, 뺀질하게 차려입고 무례한 짐승처럼 구냔 말이야? 불쌍한 광대 같은 줄 알라구!"

제복 입은 친구는 얼굴이 빨갛게 변했다.

"게다가 너희들은 도둑질까지 하고 있었어, 이 도둑들아."

그는 큰소리로 떠들었다. 남아있던 버섯이 담긴 냄비를 걷어차자 물속으로 굴러 떨어졌다. 바로 그때 크리스토프와 울리히가 올라왔고 클라라가 뒤따랐다. 단단한 몸매가 드러난 벗은 몸으로 키 큰 세 친구들이 그들과 나이 차이가 나지 않을 것 같은, 사냥꾼 복장에 폼 잡고 있던 녀석을 둘러쌌다. 크리스토프는 방금 '도둑'이라는 말에 걸려 냉정하게 적에게 다가갔다.

"당신이 지금 우리에게 한 모든 말을 큰소리로 분명하게 취소하시지."

그의 목소리는 무서우리만치 단호했다.

"우리는 하찮은 존재도 아니고 도둑도 아니야. 보시다시피,

알겠냐구요!"

사냥꾼은 불안해졌다. 그러나 그는 다시 한 번 시도했다. 채찍을 들어올리며 소리쳤다.

"이봐. 어린 풋내기들아, 너희한테 겁먹을 줄 아나?"

동시에, 울리히가 채찍을 낚아채고 단단히 손에 거머쥐었다.

크리스토프가 말했다. "단호하게 말하는데 그 주제넘은 말투는 입 다물 것, 그리고 내가 요구하는 것은 당신이 한 말을 취소하라는 거야."

"난 그럴 생각이 없는데!"

"그렇다면 당신 이름과 누구 밑에서 일하는지 말하시지."

클라라가 끼어들었다. "그만해, 크리스토프. 저 사람은 어떻게 처신해야 할지 모르잖아. 자제력을 잃은 것이 안 보여! 그와 논쟁할 가치가 없어."

"아니야, 클라라. 이 문제는 반드시 해결해야 해. 이런 식으로 일을 처리할 순 없어."

이제 사냥꾼은 젊은 친구들의 태도와 말투를 보면서 적어도 자신이 사람을 잘못 보고 소리 질렀다는 것을 깨달았을 것이다. 어떤 식으로든 상황을 되돌리고 싶었을 것이다. 그는 억지 웃음을 지으려 했지만 세 젊은이들의 확고부동한 표정에 부딪혔다. 클라라는 비웃듯이 그를 쳐다봤고, 마틴은 거의 웃음이 터질 정도로 진정이 되었다. 울리히는 아직도 채찍을 붙잡고 있었다.

"당신이 한 말을 취소하시지."

크리스토프는 다시 두려울 만큼 엄하게 말했다.

이때 사냥꾼의 얼굴이 눈에 띄게 창백해졌다. 그의 시선은 젊은 대적자들을 지나 숲속 길로 향해 있었다. 그쪽에서 사람들이 다가오고 있었다.

"그만 하자." 그는 갑자기 완전히 다른 목소리로 간청하듯이 말했다. "이제 문제가 해결된 거로 하자. 너희들이 나를 잘못 봤다니까."

그러면서 그는 채찍을 가지고 떠나려고 했다.

"당신을 이대로 가도록 내버려둘 수 없어. 문제는 하나도 해결된 게 없는 걸. 게다가 우리는 당신을 결코 오해한 적이 없기도 하고."

크리스토프는 차분하게 받아쳤다.

"여기서 무슨 일이냐?"

뒤쪽에서 저음의 남자 목소리가 들렸다.

"크루제, 무슨 일이냐?"

젊은 친구들이 놀라 돌아보았다. 그곳에는 아버지뻘인 신사가 숲쪽에서 걸어와서 서 있었고, 뒤쪽에는 가족처럼 보이는 몇몇 사람들이 보였다.

"그냥 농담이었습니다. 소령 각하, 사소한 농담이죠." 제복 입은 남자는 말을 더듬으며 쭈뼛쭈뼛 웃음을 지었다.

"어쨌든, 아주 안 좋은 농담이지요." 크리스토프가 말했다.

아직 분노에 차 있는 프란쯔가 따지듯 소리쳤다. "그건 결코 농담이 아니었어요, 엄청난 무례였죠!"

울리히는 아직 채찍을 붙들고 있었다.

"자, 모두 진정들 하게나." 소령이 소리쳤다. "크루제, 먼저 말을 해 보거라!"

"소령 각하." 소령 앞에 차렷 자세를 하고 크루제가 말하기 시작했다. "저는 일요일에 낯선 사람들이 이곳에서 수영하는 것은 어르신 내외에게 폐가 된다고 생각했습니다. 그래서 이 젊은 분들에게 떠나도록 요청했고, 그러는 바람에 약간의 언쟁이 있었습니다. 언급할 가치가 없는 것이지만요. 각하, 전혀 언급할 가치가 없습니다. 불편을 끼쳐 드려 죄송합니다."

잠시 후, 소령의 부인이 세 아이를 데리고 다가왔다. 스무 살쯤 되는 청년과 열다섯 살 정도인 딸, 그리고 열두 살 소년이었다. 크루제는 당황해 하며 깊숙이 고개 숙여 인사했다.

크리스토프는 소령 앞으로 다가서서 가볍게 인사하고 분명하고 강한 어조로 말했다.

"이런 일이 일어난 것을 용서하시기 바랍니다. 소령님, 제 이름은 크리스토프 브레이크라고 합니다. 여기 있는 친구들은 제 형제들과 여동생입니다. 우리는 이곳이 사유지인지 모르고 연못에서 수영을 즐겼습니다. 그러나 누구든지 우리를 깡패 무리나 건달, 도둑이라고 하는 것을 용납할 수 없습니다. 또한 채찍으로 위협하는 말을 농담으로 받아들일 수 없습니다. 물론 어르신이 떠나라고 하시면 즉시 따를 것입니다. 다시 한 번 저희의 실수를 사과드립니다."

열일곱 살 청년이 단지 수영 팬티만 입고 머리칼은 젖은 채 소령 앞에서 솔직하고 거리낌 없이 하는 말과 그 자연스러움에 비해, 정장의 제복을 입고 거짓 웃음을 띤 젊은 남자는 재미있는 대조를 이루고 있었다.

크리스토프는 어린 소녀와 시선이 마주치자, 간단히 인사하고 서둘러 자리를 뜨려고 하였다. 소령의 뒤에 서 있던 소녀는 조용히 크리스토프의 크고 검은 눈을 주시했다. 순간 크리스토프는 벼락 맞은 기분이었다.

"잠깐 있게나." 그는 소령이 말하는 것을 들었다.

강하고 날카로운 투의 그 말은 계속 이어지고 있었다.

"크루제, 내 소유지에서 그런 행동을 하다니. 듣고 싶지 않네. 내가 얼마나 혐오스럽게 여기는지도 잘 알지. 연병장에서 배웠나? 난 그곳에서도 그런 행위는 용납하지 않았을 뿐더러 행여

열일곱 살 청년이 단지 수영 팬티만 입고 머리칼은 젖은 채
소령 앞에서 솔직하고 거리낌 없이 하는 말과 그 자연스러움에 비해,
정장의 제복을 입고 거짓 웃음을 띤 젊은 남자는
재미있는 대조를 이루고 있었다.

필요하다고 생각한 적도 없네. 내게 불명예스러운 짓이란 말일세. 자네가 알지도 못하는 사람들을 단지 자네 권한 아래 있다는 이유로 깡패나 건달, 도둑이라고 하라는 권리를 누가 주었는가? 그런 모욕은 그렇게 떠든 자에게나 돌아가야 하는 거야. 자네, 이 젊은 친구들에게 사과하고 자네가 한 말들을 취소하게!"

"소령 각하." 제복은 더듬으며 말했다. "존경하는 소령님, 지나친 요구입니다. 불가능합니다. 그것은 제 명예를 손상시키는 것입니다!"[18]

"명예를 손상시킨다고?" 소령이 소리를 질렀다. "도대체 불의를 마음대로 행하고 바로잡으라는 데 받아들일 수 없다니. 그런 교만함이 무슨 명예란 말인가? 웬 농담, 터무니없는 말, 조롱이란 말인가! 그것을 문제삼지는 않겠네. 하지만 크루제, 어디서 배웠나? 누가 자네의 머리와 가슴을 이렇게 바꿔놓았냐구? 이성에 귀를 기울이게. 크루제, 명예를 소중히 여기는 사람답게 할 일을 하도록 하게."

아주 발작하듯, 크루제는 재빨리 차렷 자세를 취하면서 으르렁거렸다.

---

18) '충성은 명예의 핵심이다(Loyalty is the marrow of honor).' 국가사회주의자의 최우선 좌우명이었다.

"소령 각하, 이 자리에서 해고해 주시길 정중하게 부탁드립니다. 더 이상 제 명예를 희생할 수는 없습니다."

"가라, 크루제. 가거라!" 소령이 소리쳤다. "앞으로 자네를 데리고 있을 수 없네. 그러나 자네 자신과 다른 사람을 불행하게 하지 않도록 하게."

얼굴이 사색이 된 크루제는 차렷 자세를 취하고 경례했다. 소령이 경례를 받고 나자 크루제는 그 자리를 떠났다. 고개를 흔들며, 크루제가 떠난 쪽을 바라보던 소령은 한동안 깊은 생각에 잠긴 채 서 있었다. 그리고 나서 젊은이들에게 돌아섰다.

"자, 내가 여러분들에게 사과해야 할 것 같네. 내 말을 믿어 주게. 지금 여러분들이 생각하는 것 이상 더 깊이 이 상황에 대해 유감스럽게 생각하네. 진정으로 부끄럽네. 왜냐하면."

그는 씁쓸한 표정으로 말을 이었다.

"나는 이런 류의 사람들을 진심으로 혐오하네. 이런 것이 국가에 큰 악과 고통을 야기시키기 마련이라네."

이 말 끝에 머리가 허연 남자는 침울한 표정으로 바뀌었다.

"저희도 죄송합니다." 클라라가 움츠리며 말했다. "이렇게 문제가 될 줄 몰랐어요."

"그가 떠난 것은 잘된 일이야." 소령의 부인이 소리쳤다. "저 경비 친구는 우리 숲에 어울리지 않았어. 그를 다시 볼 필요가 없다는 게 좋구나. 그리고 헤럴드, 이제 솔직해지자구요. 또…."

부인은 밝은 목소리로 젊은 친구들을 돌아보며 말을 이었다.

"우리가 전혀 몰랐던 젊은 손님들 덕분에 말이지요. 이제 분위기를 편안하게 하고 이 갑작스런 사태에서 회복하자구요."

"부인." 클라라가 말했다. "유쾌하지 않은 상황인데 저희를 위해 편하게 말씀해 주셔서 감사해요. 저희는 막 집으로 갈 참이었어요. 더 이상 불편을 끼치고 싶지 않습니다. 우리는 저녁 식사 시간까지 집으로 돌아가서 부모님과 함께 보내기로 했거든요. 고맙습니다만 지금 출발하는 게 최선이라고 생각해요."

"아니란다, 얘야." 소령의 부인은 클라라를 흐뭇한 표정으로 바라보며 말했다.

"그렇게 서둘러 헤어질 수 없단다. 무엇보다 영문도 모른 채 우리의 손님이 된 여러분에 대해 궁금한 게 많고, 또 우리 숲 관리인의 어리석은 얼굴을 다시 보지 않게 되는 뜻밖의 행운에 감사하고 싶거든. 게다가 시내로 가는 다음 열차는 여섯 시에 출발한단다. 우리 집에 들렀다가 가더라도 삼십 분이면 역에 도착할 수 있거든. 시내로 가길 원하는 거지, 그렇지?"

"네, 부인."

"잘됐네. 그러면 이리 와서 잠시 앉아 인사를 나누자꾸나."

소령의 부인은 클라라의 손을 잡아당겼다.

"제 이름은 클라라 브레이크이구요, 여기는 제 오빠들이에요. 프란쯔, 크리스토프, 마틴, 그리고 울리히, 음, 울리히는 크리스토프 친구지만 형제처럼 지내죠." 클라라가 말했다.

"내가 제대로 들은 게 맞나?" 소령이 끼어들었다. "네 이름이 브레이크라고 했니? 시내에서 살고 있는 브레이크 교수와는 어떤 관계가 있는 거냐?"

"저희 아버지세요."

"이럴 수가?" 소령은 뒤집어질 듯이 놀라서 소리 질렀다.

"그렇다면 너희들은 오랜 내 친구의 자식들이다. 한스 브레이크! 나는 십 년 전에 너희들을 보았단다. 마지막으로 너희 부모님과 만났을 때였지. 물론 너희들은 기억하지 못하겠지. 참 뜻밖이구나, 이렇게 기쁠 수가! 너희들 아버지는 나에 대해 말씀하신 적은 없었니? 소피, 당신은 한스 브레이크 씨에 대해 잘 알고 있지, 그렇지? 그래, 한스 브레이크와 헤럴드 브레머, 사십 년 전에는 카스토르와 폴룩스,[19] 다윗과 요나단[20]이라고 알려진 친구 사이였지."

"그렇다면 아저씨가 본 브레머 소령님이세요?" 젊은 친구들

---

19) 『그리스신화』의 떨어질 수 없는 쌍둥이 형제.

20) 사무엘상 18:1-5, 사무엘상 20장.

은 한 목소리로 외쳤다. "물론 아저씨에 대해 잘 알구 말구요. 그러나 소령님이 여기 사시는 줄 몰랐어요."

"당연히 알 수 없었을 거야. 이유는 나중에 설명하마. 먼저 호칭부터 정해야겠다. 나는 너희들에게 말을 놓도록 하겠다, 괜찮지? 너희들은 나를 '헤럴드 삼촌'이라고 부르고 여기는 '소피 숙모'라고 불러라. 이리 와라, 애들아. 서로 인사해. 여긴 요하네스, 둘째 아들 녀석인데 너희 아버지 이름을 땄단다. 여기는 르네, 이쪽은 게오르그."

즐겁게 가족을 소개하다가 울리히에게 이르렀을 때, 소령은 맑고 선한 눈빛을 조용하고 부드럽게 들여다보며 말했다.

"그리고 울리히, 너희들이 형제로 부르는 울리히도 우리 가족이다."

울리히는 진심으로 감사한 마음으로 소령을 바라보며 악수를 나눴다.

이처럼 깜짝 놀랄 만한 사건의 반전에 따라 소피 숙모는 잠시 연못 주변을 산책하더니 성으로 돌아와 정원에서 다과 시간을 갖자고 제안했다. 그들은 느긋하게 담소를 나누며 교제할 수 있을 것이다.

모두 동의하자, 브레이크 집 아이들은 옷을 입고 나서 출발했다. 앞장 선 소령이 프란쯔와 울리히 사이에서 걸었다. 크리스토프와 르네, 요하네스가 뒤따랐고, 그 뒤에 마틴과 게오르그가 걸었다. 맨 뒤에 클라라가 팔짱 낀 소령의 부인과 함께 걸었다.

얼마 지나지 않아 사방에서 웅성거리는 소리가 들리기 시작했다. 클라라는 부모님과 할머니, 형제들과 자신에 대해 이야기하고 있었다. 게오르그는 뗏목이 어떻게 생겨났는지 알려주었고, 마틴은 연못가에서 발견한 것에 대해 말했다. 크리스토프는 요하네스에게 저택에서의 삶이 어떠한지 이야기하도록 했고, 특히 저택 소유주가 일용직 노동자들을 어떻게 다루는지 낱낱이 관심을 보였다. 르네는 아무 말도 하지 않았다.

소령은 두 청년들 사이에서 한동안 말없이 걸었다. 가끔 프란쯔를 유심히 바라볼 뿐이었다. 프란쯔는 그들이 만난 순간부터 거의 한마디도 하지 않았다. 소령은 그가 아직 숲속 관리인 보조와 겪은 일이 회복되지 않았다고 느꼈다.

갑자기 소령이 말했다.

"프란쯔, 잊을 건 빨리 잊어야 한다. 그렇지 않으면 지치게 된단다."

프란쯔는 놀란 듯 그를 바라보며 진지하게 말했다.

"네, 제게 너무 힘든 일이었어요."

"프란쯔, 그런 어리석은 촌뜨기는 네게 모욕을 줄 수 있는 상대가 아니란다!" 소령은 유난히 따스하고 긴박한 목소리로 말했다.

"모욕이 아니에요, 헤럴드 삼촌. 그건 무언가 다른 문제예요."

"그럼 무슨 문제지, 프란쯔?"

"어떻게 말해야 할지 모르겠어요. 그건 의미없는 공허한 말 같은 것은 아니에요. 전체적인 상황과 관련되어 있어요."

"흠. 무엇을 의미하는 거지, 프란쯔?"

소령의 얼굴에 심상치 않은 표정이 스쳤다. 프란쯔가 대답하기 전까지 침묵이 흘렀다.

"그런 일은 어떤 상황에서도 생길 수 있다는 뜻이에요. 저 스스로 그것이 어디서 출발했는지 물었어요. 무언가 파괴적인 게 있어요. 개인적 모욕보다 더 악한 것이지요. 제가 표현하기엔 힘든 것이에요, 헤럴드 삼촌."

"이해한다, 프란쯔."

"우리가 아버지의 자식이 아니고, 만일 도시에서 온 가난한 아이들이 일요일에 밖에서 지내려고 했다면, 그때 어리석은 거만함과 폭력을 행사하는 악당이 나타났다면, 우리는 그 모든 것을 감수해야만 했을 거예요."

순간 프란쯔의 감정이 폭발했고, 분노로 눈물이 맺혔다.

"저는 누군가가 사람의 약점을 이용하는 것을 정말 참을 수 없어요, 헤럴드 삼촌. 그들 위에서 짓밟고 악한 짓을 하고 사악한 미소를 짓는 그런 것 말이에요. 제가 둘 사이에 뛰어들지 않았다면 그 악당은 마틴을 쳤을 거예요."

프란쯔는 감정이 솟구쳐 몸을 떨며 말했다. 소령은 젊은 친구의 어깨를 감싸안았다.

"프란쯔, 프란쯔. 네가 느끼는 것 이상 나도 정확하게 느끼고 있단다." 그는 진지하게 덧붙였다. "하지만 내 말을 듣거라. 그렇게 생각해서 될 일이 아니란다. 너는 이런 폭력을 행사하는 친구들보다 더 강해져야 한다. 그런 친구들은 어디나 존재한단다. 학교나 일터, 군대, 어디든지. 사람들은 그들과 싸워야 해. 그들에게 연민을 느끼지 말고 가차 없이 싸워야 한다. 그렇게 하기 위해서 그들보다 더 강해져야 한다. 그렇지 않으면…."

소령은 갑자기 말을 끊었다. 깜짝 놀란 프란쯔는 지혜로운 노년의 남자, 그 눈동자의 슬픔을 관찰하려고 몸을 움직였다. 그 순간 울리히의 눈빛과 마주쳤다. 울리히는 깊은 감동을 받은 듯했다.

"용서하세요, 헤럴드 삼촌. 어리석은 일로 다시 문제를 일으켰네요."

"놀랐다, 프란쯔. 나도 가슴에 사무친 적이 있기 때문이다."

프란쯔는 소령의 강인하고 신뢰할 만한 따뜻한 마음씨에 사로잡혔다. 저런 노 장교가 어떻게 자신을 이해하는 것만 같은 지, 심지어 같은 감정을 느낀단 말인가? 그는 그 이상으로 소령의 태도에서 느껴지는 배려와 겉으로 표출되는 진정성에 매료되었다. 이 비범한 남자에게 독특한 분위기를 느꼈다. 폭풍우가 몰아친 후 저 멀리에서 가끔씩 번개불이 번쩍거리며 터지고 천둥의 희미한 으르렁거림이 남아 있는데, 태양이 그 사이를 뚫고 나오는 순간 같은 느낌이었다.

프란쯔는 용기 내어 물었다.

"헤럴드 삼촌, 방금 하신 말씀을 믿어도 될까요? 그렇게 행동하지 않고 막사에서 잘 지낼 수 있다는 말씀 말이에요."

"군대에서 복무한 경험이 있니, 프란쯔?"

"아니요, 가을에 하게 될 거예요. 그러나 친구들에게서 종종 들었어요."

"그러면 이제부터 네 스스로 준비할 수 있겠구나."

"네."

"다행스런 일이다." 소령은 다시 신비스러운 침묵 속에 빠져들었다. "프란쯔, 네게 전할 말이 있구나. 언젠가 도움이 될 게다. 우리가 이야기한 것은 말 자체 이상의 의미가 있단다. 사람은 과민해져선 안 된다. 네가 군인들의 세계처럼 거친 사회에서 일을 배울 때 시시때때로 거친 언어, 종종 쏟아지는 욕설, 상스러운 농담 따위에 대해 경험할 것을 각오해야 한다. 집에서 그런 거친 것들에 익숙하지 않은 친구들은 힘들게 느껴질 것이다. 그러나 당당하게 서서 그곳에는 그런 부류의 사람들과 다른 방식의 삶을 살아가는 사람들이 있다는 것을 배워야 한다. 심지어 다수에 대항해서 더욱 너 자신을 지킬 줄도 알아야 한다. 가식적이거나 군림할 필요는 없다. 그것은 무의미한 일이다. 인생에는 많은 잔인함과 추잡함이 존재한다. 인간은 그것과 타협하는 것을 알아야 하고, 더욱 자신의 본질을 지켜야 한다. 알겠니, 프란쯔? 여기까지 이해 되지?"

"네, 헤럴드 삼촌. 완전히요. 지난 이 년 동안 목회를 접고 도시의 가난한 빈민들을 위한 구제사역에 전념하시는 목사님을 도와 일해 왔어요. 그곳에서 청소년 모임을 맡았고, 집으로 방문해 아이들의 부모님을 만났어요. 거기서 많은 것을 보고 들었습니다. 저는 사람들이 아무 잘못 없이 잔인함과 추잡함에 연관된다는 것을 알아요. 엄밀히 말해서 이 사람들이 그에 대해 한 마디도 하지 못하고 구제의 대상이 되어 버린다는 것을 알게 되었지요."

"훌륭하구나." 소령은 즉각 답했다. "덧붙이자면, 그런 것들이 얼마나 의미를 갖는지 모르겠다. 지금은 거기에 대해서는 남겨두자. 그런 거친 말 하나하나에 화내는 사람들은 우리가 원치 않는 깔끔쟁이 늙은 하녀 같은 존재란다. 하지만 자신이 가진 권력을 이용하여 다른 사람들에게 창피를 주고, 품위를 떨어뜨리고, 모욕하고, 그들을 파괴하는 경우는 또 별개의 문제란다. 그것은 수위의 문제가 아니라 폭력 자체이다. 관여된 사람들에 대한 폭력 행위인 만큼 그들 신분에 대한 폭력이란다. 또한 모든 순수한 권위를 더럽히고 모든 인간 공동체를 파괴하는 것이다. 너는 무질서로 몰고 가는 것에 대해 분명하게 저항할 수 있어야 한다.

프란쯔, 그것이 어디에서 오는지 모른다. 그러나 우리 모두에게 힘을 남용하고 추진하려는 어둡고 위험한 의지가 있단다. 우리가 원래 가진 것이며, 그에 따라서 우리 자신과 다른 사람의 생명을 파괴하게 되지. 우리가 이런 악한 본능을 만나는 곳마다 먼저 우리 속에서, 우리가 할 수 있는 한 모든 증오와 열정의 힘을 가지고 저항해야만 한다. 네 속에 없다고 생각하지 마라, 프란쯔. 그것은 덤벼들 기회를 노리고 있단다. 엄청난 힘을 가진 불가사의한 것인데, 그 힘은 무언가 하나님으로부터 오는 거룩함이 있고, 또 쉽게 악마로 또는 다른 사람을 괴롭히는 크고 작은 존재들로 바뀌는 것이란다.

이 작은 숲의 관리인 보조 녀석의 경우를 보자. 그는 자신이 원래 속한 집단 속에서 호감이 가고 해를 끼치지 않으며 본성이 착한 친구일지도 모른다. 언젠가 선하고 충성스럽고 평범한 가정의 가장이 될 수도 있겠지. 그러나 그에게 보잘 것 없는 한 조각 작은 권력이 주어지자, 악마가 되고 상사에게 아첨하는 사악한 자가 된 것이란다.

갖가지 악들이 있지만 권력의 남용, 특히 무능한 사람들에 의해서 빚어진 권력의 남용만큼 인류에게 더 큰 재앙을 가져다 주는 것은 없단다. 반복해서 역사는 거대한 독재자를 만들어 냈단다. 다음에 그들은 그에 맞선 또 다른 거대한 힘을 불러내고, 결국 모두 심판을 벗어날 수 없게 되었지. 그들은 평범한 사람의 판단에 굴복하지 않는 반인반신 같은 존재들이다. 그들은 수 년 동안 부침을 계속한다. 그러나 상대적으로 작은 독재자는 결코 사라지는 법이 없다. 그들은 잠깐 동안 그들 주인의 취향에 기대고 세상적 판단을 피하기 위해 도움을 입는다. 안으로부터 나라를 멸망시키는 자는 이 작은 독재자들이란다.

그들은 은밀하게 젊고 활짝 핀 인생들을 파괴시키는, 눈으로는 볼 수 없는 결핵 바이러스 같은 존재들이지. 위대한 독재자들보다 더욱 위험할 뿐만 아니라 더 강하고 거칠고 어려운 존재들이다. 그들은 네가 그들을 붙잡기를 원할 때 네 손가락 사이로 빠져나간다. 부드럽고 소심하기 때문이다. 전염성 질병 같은 것들이란다. 이 작은 독재자들이 그들의 희생자들로부터 나오는 생명력을 흡입하면, 그들 자신의 영혼을 그들에게 감염시킨다. 그때 이제까지 폭력 행위의 희생자로서만 있었던 그들이 최소한의 한줌 힘을 얻게 되면서, 그들은 당했던 고통에 대해 보복을 행하게 되지. 이러한 복수는 끔찍한 것이며, 죄를 지은 쪽에 대해 이루어지는 것이 아니며, 무고하고 방어력 없는 희생자에 대한 것이다. 그것은 끝없이 지속되어 마침내 모든 것이 감염되고, 독이 퍼지고, 더 이상 해결이 불가능할 때까지 계속된단다."

소령은 잠시 이야기를 멈추고 깊은 숨을 쉬었다.

"그리고 얘들아." 그는 계속했다.

"투쟁의 가망이 없는 것처럼 보인다고 해서 낙심해선 안 된다. 사실 누구든지 이 작은 야수들 중 하나라도 쓰러뜨린 사람은, 그 자신이 많은 인간의 생명을 구한 것으로 자랑할 수 있다. 그런 사람들은 설령 아무도 알아주지 않는다고 해도 인류의 은인이지. 우리 계급의 많은 순진한 사람들이 이러한 작은 독재자들에 대해 미소짓는 데 익숙해졌고, 그들을 향해 전면전을 선포하는 사람들을 바보 취급하는 것에도 익숙해졌다. 실상 그들에게 미소짓는 것은 작은 박테리아에 대해 웃는 것처럼 어리석고 무책임한 것이다. 결국 그렇게 되면 자신이 희생자로 전락하게 되는 것이거든. 확실히, 또한 이 전쟁은 의사들 가운데 유행병에 대항하여 질병의 원인을 찾기 위해 현미경으로 세균을 검사하는 사람들과 개개인 환자들을 상대하며 질병을 치료하는 의사들이 있듯이 전략가가 필요하단다. 그러나 단언컨대 이 전쟁에서 자신의 생명을 희생하는 자들을 비웃는 자에게 화가 있을 것이다!"

두 젊은이가 엄숙한 공기의 무게에 짓눌린 채 경청했다. 그들은 마치 자신들이 맹세라도 해야 할 것처럼 느꼈다. 그것에 대해 아무것도 모를지라도, 그들에게 말하고 있는 이 남자 스스로 이러한 원인을 위해 위대한 희생을 요구당해 온 것처럼 느꼈다. 그러나 그가 이야기하지 않는다면 어떻게 그에게 묻겠는가?

특별한 이 남자에게 존경심을 느끼게 되자, 그들 사이에서 조용히 걷고 있던 그에게 차마 사적인 처지에 대해 질문해서 사생활을 침해할 엄두를 내지 못했다.

소령은 다시 입을 열었다.

"너희들이 오랜만에 나를 행복하게 했다. 집에 도착하면 너희에게 읽을 것을 주고 싶구나. 혹시 잊을지 모르니 상기시켜다오. 이제 다른 얘기를 해 보자꾸나."

울리히는 마을 오르간 반주자와 지휘자의 아들로서 성장한 이야기를 했고, 아버지의 죽음과 고등학교 진학을 위해 어머니와 함께 도시로 이사한 이야기, 브레이크 가족과 지내게 된 이야기를 했다.

대화하는 중에 다른 사람들보다 훨씬 앞질러 온 것을 깨달은 세 사람은 벤치가 있는 산책로에서 걸음을 멈추었다. 햇빛이 내리비치는 연못 수면의 고요함을 바라보며 방금 나누었던 대화에 대해 각자 생각에 빠졌다.

크리스토프와 르네

얼마 지나지 않아 활기차게 대화하는 소리가 들리고, 크리스토프와 르네가 다가왔다. 조금 전부터 몇 명씩 짝지어 산책하기 시작했고, 크리스토프는 소녀와 나란히 걷고 있다는 것을 알아차렸다. 뒤를 돌아보면서 함께할 만한 누가 없는지 살펴보았으나 자연스럽게 짝을 이루고 있었고, 두 사람만 뒤처져 있었다.

크리스토프는 경험해 본 적 없는 야릇한 긴장감을 느꼈다. 나란히 산책하게 된 르네에게 친근한 눈빛을 보내다가 보면 어색하지 않게 대화하게 될 것이라고 기대했다. 그런데 그녀를 바라보는 순간, 시선은 그녀에게 꽂혔고 다른 곳을 바라볼 수 없었다. 처음으로 눈으로 전해지는 특이한 법칙과 힘, 환희와 위험함을 경험했다. 한 사람의 온 마음, 몸, 피가 눈으로 쏟아져 흐르고, 더 이상 말할 기력조차 남지 않았다.

"이리 와, 르네."

그는 자신이 하는 말을 들었다, 누군가가 말하고 있는 것처럼. 시선을 낮게 두었지만 이미 한눈에 들어온 이미지는 지워지지 않았다. 짙은 금발의 곱슬머리, 하얀 피부의 얼굴, 크고 깊은 갈색 눈, 빛 가운데 가느다란 몸매, 순면 원피스, 이런 것들이 사라지지 않았다. 그들은 좁은 길을 가까이에서 걸었고, 크리스토프는 걸을 때마다 자꾸만 몸을 스치는 르네의 드레스를 의식했다.

"여긴 아름다운 곳이구나." 그는 마침내 말을 꺼냈다.

"그렇지, 정말 아름답지. 하지만 답답해." 르네가 대답했다.

"답답하다고?" 크리스토프가 놀라서 물었다. "집이 얼마나 크길래?"

"음, 이천 에이커 정도. 하지만 탁 트인 전망이 없어. 사람들이 너무 많아. 난 아직도 남아프리카가 그리워. 일 년으로는 적응하기에 충분하지 않은 것 같아."

"여기가 너희 집이잖아?"

"그게 바로 문제야, 크리스토프. 너도 그런 것처럼 나도 명확하지가 않아.[21] 어머니는 영국인이셔. 태어나서 십오 년을 영국령인 남아프리카에서 지냈어. 행복했지. 우리 식구는 집에서는 독일어로 말했어. 나는 독일 이름을 가지고 있고, 이 세상 누구보다도 아버지를 사랑해. 큰 오빠, 독일 땅에 묻힌 큰 오빠를 사랑해. 오빠의 영혼을 위해 기도하고. 우리 집은 부모님과 형제들이 있는 곳이야. 그게 전부야. 그렇다고 내가 독일에서 행복해 하지 않는다는 것을 네가 신경 쓸 필요는 없어. 거의 매일 아버지와 숲속을 거닐어. 날이 갈수록 점점 더 집이 좋아지고 있긴 해. 그렇지만 간혹 질식할 것 같을 때가 있어. 그럴 때는 끝없이 펼쳐진 농장을 말을 타고 달리고 싶어. 여기저기 떨어져 있던 아프리카인들의 오두막집을 보고 싶어. 거의 사람들을 볼 수 없는 초원이었지. 사실 내가 갇혀 있는 듯하게 느끼게 하는 것은 사람들이야. 너무나 많은 사람들, 너무 다른 사람들."

"르네, 너는 주민들이 이백 명도 채 안 되는 마을에 대해 말하고 있는 거야!" 크리스토프가 소리쳤다. "사람들이 그렇게 힘드니? 오늘 우리와 마주친 것도 끔찍하다고 생각하는 거야?"

"솔직히 말하자면, 처음 너희를 만났을 때 정말 놀랐어. 너희

---

21) 두 나라와 두 문화에 소속감의 문제는 본회퍼가 1933-35년 사이에 영국 런던에서 목회하는 동안 매일 경험한 것이었다.

"사실 내가 갇혀 있는 듯하게 느끼게 하는 것은
사람들이야. 너무나 많은 사람들, 너무 다른 사람들."

가 일요일을 망쳤다고 생각했어. 그러나 곧 너희들이 대부분의 사람들과 다르다는 것을 깨달았어. 너는 내가 숲 관리인 보조를 얼마나 싫어했는지 믿을 수 없을 거야. 나 자신이 부끄러울 정도니까. 너희가 그를 떠나게 하는 것을 보고 너무 기뻤어. 아니, 내가 사람들을 참을 수 없다는 건 사실이 아니야. 난 항상 혼자인 것을 좋아해. 내가 이 말을 한다고 화내지 말아줘. 너는 이해할 수 없을 거야. 그리고 그때…." 르네는 말하기를 주저했다. "난 너희에게 상처를 주고 싶지 않아."

"르네, 말해 줘!"

"좋아, 원한다면. 너, 흑인 보모를 알아? 우리 집에 한 명이 있었어, 모든 백인 가정들이 그렇듯이. 그녀는 내가 태어난 날부터 우리 집에 살았어. 나를 돌보고, 먹이고, 나에게 처음으로 동요를 불러줬지. 덤불 위에서 이야기를 들려주기도 했고. 그녀는 항상 내 곁에 있었어. 늘 상냥하고 친근하게 대해 줬지. 완전히 집의 한 부분이었어. 우리 모두를 사랑했고 충직하고 조용히, 그리고 한없는 헌신으로 우리를 섬겼지. 우리가 독일로 떠나야 한다는 것을 알았을 때 그녀의 마음은 거의 부서지는 것 같았어. 눈물을 흘리며 부모님에게 자신을 데려가 달라고 간청했어. 어머니는 그러고 싶었는데 아버지가 반대하셨어. 그 이유를 몰랐는데 아빠가 옳았어. 보모는 여기에 살았다면 견디지 못했을 거야. 나는 그녀를 잊을 수 없어. 그녀를 생각하면, 조용한 저녁 시간에 오두막집 앞에 앉아 다른 아프리카 사람들과 노래하는 모습이 떠올라. 그들은 아름답게, 따스하게 얼마나 친근감 있게 노래를 부르는지 몰라. 하나같이 웃는 표정이었고, 저녁에 말 타고 농장 지대를 달리며 인사를 나누곤 했어. 너무나 그리워. 내 영혼은 거기에 있는 것 같아. 이곳에선 그런 추억들을 찾을 수가 없어."

두 사람은 조용히 있었다. 크리스토프는 무슨 말을 하고 싶었는데 하지 못했다. 르네가 계속 말을 이었다.

"솔직히, 크리스토프. 가끔 이곳 사람들이 진실로 영혼을 가지고 있는지 잘 모르겠어. 거만하고 허영심 많고 무뚝뚝한 검사관이나 마을 치안 판사를 생각할 때마다, 또는 여기 숲 관리인조차 그들로부터 느끼는 것은 형식과 강요, 간섭 외에 아무것도 없어. 그들이 내 주위에 있을 때 얼어 죽을 것 같아. 그래, 여긴 모든 것이 너무 우울하고 차갑고 어려워서 영혼은 어딘가로 기어들어가 숨어 있어서 구석을 뒤져야만 찾을 수 있지. 숨쉬기도 살아있기도 힘든 곳이야."

르네는 소박하고 순진하게 감정을 드러냈고, 크리스토프가 답할 수 있는 말은 공허하고 평이한 것일 수밖에 없었다. 평소 대화하는 가운데 이처럼 무력함을 느낀 경우는 거의 없었다. 그는 토론을 좋아했고 또래 가운데 두려움의 대상이었다. 그러나 그는 이 소녀 옆에서 당황스러웠다. 그녀는 불가능한 것을 말하고 있었고, 무엇을 답변해 주어야 할지 몰랐다.

"하지만 너의 아프리카 보모는 노예잖아. 말하자면…."

그는 이렇게 말하고 나서 곧바로 어리석은 말을 했다고 느꼈다. 르네는 큰소리로 웃었다.

"노예? 말도 안 돼! 적어도 그들은 영혼을 가지고 있어. 여기서 내가 보는 모든 사람들은 종이를 오려내 옷을 입힌 것 같은 존재일 뿐이야. 그들은 자신이 매우 중요하다고 생각하지. 난 어디에 노예가 있는지 알고 싶어. 거긴지 아니면 여기인지."

크리스토프는 몸이 떨렸다.

"미안, 크리스토프. 그저 씁쓸함을 말한 것뿐이야. 오해하지 말아 줘. 나는 어떤 상황이든 비꼬아선 안 된다는 것도 알아. 여기는 아버지의 집이고, 너희들의 집이 있는 곳이고, 언젠가 내 집이 있는 곳이기 때문이지. 솔직히 이 나라와 여기 사람들을 이해하고 사랑하기가 쉽지 않아. 시간이 오래 걸려. 무엇보다 그것을 이해하려면 이 나라의 기초와 운명을 좌우하는 사람들을 만나야만 할 거야."

이 마지막 말이 오직 그런 순수함 가운데 나왔기 때문에 크리스토프는 크게 감명을 받았다. 그는 마치 누군가가 그에게 도움을 기대하는 듯한 느낌을 받았고, 그 일을 하고 싶은 사람이 되었다. 그의 보호나 도움, 충고나 리더십이 필요한 학급 친구를 볼 때마다, 그가 다른 사람을 위해 책임지는 일이 있을 때마다 그의 진가가 발휘되었다. 누군가를 위해 나섰을 때 아무도 가로막을 자가 없었다. 상대가 있는 경우 사자처럼 싸웠고 끔찍한 상대가 되었다.

크리스토프는 다른 사람을 돕거나 그들을 위해 책임지는 데 자신의 능력에 대해 강하고 건강하게 확신하고 있었다. 그런 책임감이 없는 경우 오히려 그의 삶이 공허해 보였다. 그는 자신이 책임질 일이 호감이 가는지 여부는 중요하지 않았다. 행동 동기는 개인적인 사랑이라기보다 그의 중심의 책임감에서 나오는 것이었다. 결과적으로, 그는 학급 친구들 사이에서 자부심과 거만함의 상징적 존재로 평판이 나 있었다.

크리스토프를 완벽하게 신뢰하는 많은 사람들은 자신의 이야기를 털어놓고 도움을 청했다. 처음에 크리스토프는 이런 상황에 놀랐다. 본능적으로 또래들의 내적인 삶에 대해 듣는 데 거부감이 있었다. 그런 심정을 드러낼 때, 그런 고백을 들으려 하지 않았다. 그는 '먼저 어려움을 혼자 힘으로 대처해 봐. 더 듣고 싶지 않아'라고 말하곤 했다. 그러면 또래들은 우울하게 웃으며 대답했다.

"넌 그렇게 말하는 게 쉽겠지, 그렇겠지."

이런 크리스토프의 절제된 태도는 다른 이들로 하여금 더욱 신뢰하게 했다. 얼마 지나서 아마 일 년 전 쯤, 크리스토프는 울리히에게 이런 조언을 들었다.

"다른 사람의 내적 삶에 다가가기 힘들고, 누구도 나의 내면을 들여다 볼 수 없는 데에는 본질적으로 합당한 이유가 있을 거야." 그는 울리히에게 말했다. "그래서 우리는 그것을 확고하게 지키려 하고 누구와도 나누려고 하지 않는 거지."

한동안 가만히 침묵하던 울리히가 대답했다.

"하나님, 또는 그의 아들 외에 비밀이 지켜질 것이라고 신뢰할 만한 사람이 어디에 있겠는가?"

크리스토프는 답하지 않았다. 그는 깊이 생각에 잠겼다. 아무런 말도 하지 않았지만, 울리히의 말은 그들의 우정에 새로운 기초를 세우는 것이었다. 이제 크리스토프는 울리히가 처음으로 한 말을 알아차렸다. 그것을 알고 나서 더욱 다른 친구들이 그에 대해 갖는 확신을 받아들이려고 애썼고, 때로는 무거운 짐을 옮기는 것처럼 힘들어 했다. 그렇지만 그는 여전히 구체적인 문제를 떠맡는 것에 대해 마다하지 않았다.

르네의 마지막 말은 그런 과제에 직면하게 한 듯했다. 르네는 독일을 이해하고 사랑하고 싶었고, 그러려면 그의 도움이 필요했다. 그 생각을 하자 가슴이 쿵쿵 뛰기 시작했다. 그의 옆에서 걷고 있는 이 소녀, 그렇게 자유롭고 확신에 찬 이 소녀, 그가 경험한 것보다 세상을 더 많이 본 이 소녀가 그를 필요로 하고 있었다.

크리스토프는 그녀를 위해 무언가 할 수 있는 특권을 가진 셈이다. 그녀는 그런 의도 없이 도움을 청했고, 그것은 한없이 포괄적인 중요한 과제였다. 그는 고향을 그리워하는 소녀를 위해 독일의 통역자가 되기로 했다. 독일? 크리스토프 자신은 독일에 대해 얼마나 아는가?

그와 울리히는 여러 차례 긴 여행을 하면서 슈바르츠발트Schwarzwald, 동東프러이센Ostpreussen, 무엇보다 서부 지역을 함께 다니면서 말할 수 없는 즐거움을 누렸다. 숲의 연못을 무수히 헤엄쳤고, 물가에 앉아 소나무들 사이로 지는 해를 바라보기도 하고, 야간에는 텐트를 치기도 했다. 그들에게는 남부 지역 교회와 수도원의 높은 고딕 양식보다 오래된 벽돌 성당과 작은 문, 성벽으로 도시를 둘러싼 북독일 지역이 인상적이었다. 한밤중

"다른 사람의 내적 삶에 다가가기 힘들고,
누구도 나의 내면을 들여다 볼 수 없는 데에는
본질적으로 합당한 이유가 있을 거야."

에 어부들과 함께 북해로 출발했는데, 돌아오면서 태양이 바다와 해변 위로 떠오르는 장면을 보기도 했고, 열심히 일하는 사람들을 만났다. 그렇다. 그 모든 것이 독일이긴 하지만 그 장면 그대로 어떻게 표현할 것인가?

크리스토프와 울리히는 간략하고 암시적인 몇몇 단어만으로도 서로 이해할 수 있었다. 그렇지 않으면 그들이 공유한 인상들을 표현할 방법이 없었다. 가장 좋은 것은 온 감각을 동원해서 직접 눈으로 보고 경험하여 자신 안에 녹여내는 것이다. 르네가 독일을 사랑하기 위해서는 여행하면서 독일을 체험해야 할 것이다. 그러나 울리히 없이 이 여행이 크리스토프에게 무슨 의미가 있겠는가? 밝은 열정과 깊은 감수성을 가진 울리히는 한마디로 이러한 풍경이나 이 도시의 한 부분이었다. 이 나라가 두 사람에게 자신을 드러낸 것은 살아있는 영혼의 중재를 통해서뿐이었다. 그렇다면 독일은 실제로 그들이 본 사물들이 아니라 사람 그 자체가 아니었던가? 그가 생각했던 독일, 그가 알았던 독일은 결국 울리히와 크리스토프의 가정이 아니던가? 음악회가 열리던 매 저녁, 정원에서의 파티, 할머니와 그리고 할아버지의 형상들이 마음속에 스쳐 지나갔다. 또한 그 자리에 숲 관리인 보조도 있었다. 학교의 못된 선배들도 있었고, 르네가 말한 것같이 험악하고 자기중심적인 인물들도 여럿이었다. 그들 역시 독일이었다. 그들이 독일을 밑으로 내리고, 위기에 처하게 하고, 타락한 독일을 만들기도 했다. 독일은 다시 건강하게 회복하도록 이끌 수 있는 선하고 강한 손길이 필요했다.

르네는 이미 선하고 건강한 독일을 경험했다, 확실히. 그녀에게는 아버지가 있었다. 그러나 아버지는 그녀에게 특별하고 예외일 뿐이었다. 이제 그녀는 아버지를 있게 한 독일을 경험할 필요가 있었고, 그분에게 모든 것을 부여한 독일, 그분이 속한 독일을 경험하는 것이 필요했다. 르네는 브레이크 씨 가정에서 그 집의 형제자매들과 한 식구가 되어야 할지도 모른다. 그들과 산책하고, 물론 울리히도 함께 있어야 할 것이다. 클라라 역시 함께 있을 것이다.

르네와 클라라는 잘 지낼 수 있을까? 그들은 서로 아주 달라 보인다. 클라라는 집안과 형제자매 이외에 아무것도 모른다. 그녀는 태생적으로 자신이 지적으로 풀 수 없는 문제를 아예 풀려고 하지 않고 멀리하려고 했다. 반면에 그녀 인생에서 이미 풀린 것들을 잘 찾아낸다. 그녀는 완벽하게 조용히, 확신을 가지고 자신의 길을 갔다. 그녀에게 맡겨진 과제를 붙들었다. 그녀는 르네가 갖는 의문과 어려움을 이해할 수 없으며, 그녀의 방식으로 답할 것이다. 어쩌면 그것이 르네가 필요로 하는 것일 수도 있다. 그렇다. 클라라가 도와야 한다.

크리스토프와 르네

이러한 것들이 크리스토프의 마음속에서 일어났고, 그는 계획을 짜기로 했다. 이런 경우 어떻게 계획을 짤 수 있을까? 르네 같은 소녀에게는 의도적이거나 어떤 계획이 반대의 결과를 가져오지는 않을까? 크리스토프는 구체화된 것일지라도 생각과 계획을 녹여내는 자신을 느꼈다. 예전에 경험해 본 적이 없는 일이었다. 그 순간 그는 자신에게 말했다.

"르네, 나는 모든 것이 자연스럽게 겪게 될 것이라고 생각해."

이 말은 둘 다에게 커다란 자유를 안겨 주었다. 첫 번째 일어난 일은 두 사람이 서로 마음을 열고 편하게 대화하기 시작한 것이었다. 그들은 질문하지 않았다. 삶, 관점, 가까이 지낸 사람들에 대해 무엇이든 묻기 전에 말하고 싶은 것을 먼저 이야기했다. 이런 식으로 시작된 드물고 유쾌한 대화는, 한 마디 한 마디가 서로에게 자유롭게 주어지는 선물로 받아들였다. 그러한 대화는 드러나지 않은 감정의 표현과 함께 시작되었다. 말하자면, 상대방에게 선물을 받을지 여부를 묻는 것처럼 꺼내기 힘든 질문에 대한 것이었다. 받아들여지지 않는 선물은 받는 사람과 마찬가지로 주는 사람을 욕되게 하는 것이므로 선물의 수락이 첫 번째인 반면, 주는 자가 받는 가장 큰 보상은 받아들여지는 것이다. 가장 중요한 것은 주는 자와 받는 자 양자의 내적 자유이고, 이것을 아는 사람은 모든 것을 한꺼번에 주지 않는다. 각

르네 같은 소녀에게는 의도적이거나 어떤 계획이
반대의 결과를 가져오지는 않을까?
크리스토프는 구체화된 것일지라도
생각과 계획을 녹여내는 자신을 느꼈다.

자 자유롭게 완만하게 진행되었다.

크리스토프와 르네가 시작한 대화는 서로에게 도전하는 대화들이었다. 마치 상대방이 침입자 같은 분위기였다. 그것은 사람들 사이에서 자신의 입장을 멀리 두었고, 밝히길 꺼리거나 가려져 있는 생소하고 무관심한 대화들이었다.

그러나 서로에게 대화가 주고받는 선물이 될 때 폭력이나 무관심은 존재하지 않는다. 말하지 않은 것은 미처 발견되지 않은 보물처럼 상대방에게 몸짓으로 알린다. 시간이 지나면서 다른 곳에 감춘 재산인 듯 몸짓에서 알 수 있게 된다. 크리스토프와 르네가 서로 다른 삶의 방식, 관점, 소망을 가지고 살아왔지만, 그럼에도 불구하고 서로를 향한 근본적 태도는 자연스럽게 조화를 이루었다.

그들은 삼십 분 정도 걷다가 르네의 아버지, 프란쯔, 그리고 울리히를 따라잡았을 즈음, 서로에 대해 상당히 알게 되었다. 무엇보다 상대방으로부터 선물을 받았다는 것을 알아차렸다. 아직도 진지한 대화를 나누는 데 몰두하고 있던 일행에게 다가갔을 때는 둘은 청춘의 행복으로 빛나고 있었다.

르네의 아버지는 딸의 손을 잡아당기며 부드럽게 바라보았다. 그리고 딸의 이마로 흘러내린 머릿결을 가지런히 하며 말했다.

"얘야, 여기가 무척 아름답지 않니?"

"정말 아름다워요, 아빠." 르네가 대답했다.

크리스토프는 르네 옆에 서 있었다.

"제자리에. 준비, 땅!"

마틴이 명령을 내렸다. 그러자 두 소년이 총알처럼 결승선을 향해 있는 힘껏 달렸다.

"다른 사람들이 오기 전에 한 번 더 물에 들어갈까?"

마틴이 물었고, 그 말이 떨어지자마자 어느덧 두 소년은 옷을 벗어던지더니 미지근한 연못에 뜨겁게 달궈진 몸을 식히고 있었다.

브레머 여사와 클라라

　브레머 여사와 클라라는 한가롭게 걸었다. 다른 사람들은 키 큰 두 여자가 천천히 멀찌감치 물가를 따라 여유롭게 이야기하며 걸어오는 것을 바라보았다. 둘 중에 나이 든 쪽도 숱 많은 금발이었으며 날씬하고 젊게 보였다. 젊은 쪽은 손수 자잘하게 수놓은 아마포 원피스를 입고 있었고, 길고 굵게 딴 머리칼이 그 위로 흘러내렸다.

　두 사람의 외모 차이에도 불구하고 자유롭고 조용하며 확신에 찬 걸음걸이가 어딘지 닮아 보였고, 인생에서 무언가 공유한 듯했다. 뼈대 있는 가문의 여자들은 그들의 어머니들이 그랬던 것처럼 그렇게 걸었다. 그들의 아버지, 남편, 형제들이 보호한다고 늘 확신하며 집안에서는 편안하게 지냈다.

그런 여자들은 불행이 닥치고 모든 것을 앗아갈 때조차 그렇게 걷는다. 누구도 감히 도전할 수 없는 보이지 않는 힘처럼, 그들을 둘러싼 보호막은 매 발걸음마다 감싸며 마지막 포기할 때까지 그들을 지킨다. 그런 태도와 몸가짐을 가진 여자들은 그들의 조상이 어찌되었건 서로 같은 부류이다.

클라라는 가족인 할머니, 동생, 그리고 집안 일에 대해 말하고 있었다. 그녀가 봄부터 학교에 다니지 않게 되면서 떠맡은 일이었다.

그녀의 하루는 매일 아침 다섯 시 반에 시작한다. 먼저 자신의 방을 정리한다. 일곱 시에 부모님의 아침을 준비해야 한다. 여름철에는 아침에 새로 고른 싱싱한 꽃다발을 식탁에 올려놓는다. 계절에 따라 딸기, 건포도, 라스베리 같은 과일들을 담은 그릇, 무를 담은 작은 접시, 잘게 썬 허브 등 아버지가 좋아하는 방식으로 차린다. 그녀는 매일 아침 집안 일을 시작하기 전에 성경 한 장씩을 읽는다는 사실을 소피 숙모에게 언급하지 않았다.

일곱 시 반에는 그녀의 동생들과 함께 아침을 먹는다. 그녀는 테이블 앞쪽 엄마의 자리에 앉는다. 엄마는 아버지를 따라 진료소로 가는 길 중간까지 배웅하기를 좋아했기 때문이다. 아이들의 아침 식사는 코코아와 견과류, 롤이었고, 일요일에는 버터가 있었다.

아침 식사를 하고 나서 동생들이 집을 나선 후, 클라라는 할머니가 계신 작은 침실로 아침 식사를 가지고 가는 의례적인 어른 공경을 한다. 클라라가 문을 두드리면, 할머니는 안경을 내려놓고 낡은 성경에 그녀가 읽던 부분을 표시한다. 클라라는 할머니의 손에 입맞춤을 하고 할머니가 자신의 이마에 입을 맞추도록 몸을 낮춘다. 할머니는 책상 옆 자리에 성경을 올려놓고, 클라라는 할머니를 팔로 부축하여 아침 식사를 하시던 곳으로 모신다. 그곳은 정원이 내려다보이고, 다른 사람은 들어가지 못하는 작은 베란다 쪽 공간이었다.

그 다음에 매일 삼십 분 정도, 클라라가 가장 소중하게 여기는 시간이 기다리고 있었다. 이 시간은 할머니와 함께 앉아 있는데, 클라라의 손이 뭘 고치거나 바느질을 하느라고 분주할 필요 없는 얼마 안 되는 시간이었다. 그녀는 할머니가 그녀에게 필요한 삶의 지혜를 모두 가지고 있음을 알고 하나하나 꺼내시도록 했고, 그 시간에 조용하고 멋진 대화를 나누는 특권을 누렸다. 대부분 매일 일어난 일과 사소한 변화, 집안의 일상사를 나누었다. 또한 동생들과 그들의 친구에 대해 이야기했고, 클라라의 부모나 어른들에 대해서는 전혀 이야기하지 않았다. 할머

"진리에 대해 강하고 엄격한 자만이
삶에 있어서 온유하고 종종 겪는 사람들의 어리석음에
미소 지을 수 있단다."

니는 일반적 조언이나 행동규범 따위를 가르쳐 주려고 하지 않으셨고, 클라라도 그런 대화를 피해 단순하게 일상을 사랑하는 법을 배웠다. 작은 일이라도 너무 높이 평가되거나 가볍게 여겨져서는 안 된다는 것이다.

가정이라는 공동체와 관계는 구성원과 마찬가지로 새로운 내적 질서를 갖게 되었고, 그 안에서 누리는 즐거움도 역시 리듬을 가져야 한다는 것을 알았다. 할머니는 자연적인 연대감이 있는 사람들에게 거만하거나 거칠지 않게 대했고, 불의를 행하지 않으면서 합리적으로 이야기하는 것을 들었다.

클라라는 할머니가 집안에 전하는 따뜻한 축복을 충분히 인식하고 있었다. 그녀의 단순하고 솔직한 성격 탓에 다르거나 낯선 것, 비난하기 잘하는 것에 대해 자제하면서, 할머니의 긴 인생 동안 경험한 인간의 환경, 관습, 삶의 방식의 차이점에 대해 이야기할 때마다 더욱 깊이 생각하게 되었다. 사려 깊고 가끔 놀라울 정도로 판단력이 뛰어난 할머니의 열린 마음가짐에 비해, 자주 그렇지는 않았지만 기독교와 교회에 관해 대화할 때는 엄하고 확고부동한 태도여서 이상하리만치 대조적이었다.

"여기에는 농담할 여지가 없단다." 할머니가 말했다. "진리에 대해 강하고 엄격한 자만이 삶에 있어서 온유하고 종종 겪는 사람들의 어리석음에 미소 지을 수 있단다."

클라라는 확실하게 이해하지 못했다. 할머니 안에 있는 이처럼 명백한 모순은 오랜 세월을 유지했음을 감지할 뿐이었다.

"언젠가 할머니가 여기에 존재하지 않는 날이 온다는 게 상상이 가지 않아요."

클라라는 브레머 여사에게 말하면서, 곧 그녀의 일상에 대해 계속 이야기했다. 하루에도 몇 시간씩 피아노 연습을 해야 하는 것에 대해 말했고, 오후에 있는 자유 시간에 대해 말했다. 그날의 마지막 과제는 아빠가 늦게 돌아오는 날 준비한 곡, 즉 바흐의 〈평균율 클라비어 곡집Das Wohltemperierte Klavier〉을 연주하는 것이라고 했다.

"우리는 특별히 바흐의 곡을 좋아해요." 그녀는 덧붙였다. "금요일에 〈성 마태 수난곡Matthausä-passion〉을 듣지 않고는 마음 편히 보낼 수 없어요. 그리고 바흐의 〈B단조 미사곡Missa BMW 232〉을 듣지 않고 한 해를 넘긴 적이 없어요. 지난 몇 달 동안 다 같이 울리히의 지도 아래 〈푸가의 기법Die Kunst der Fuge〉을 연습했지요. 사람들이 왜 이 음악을 이해하기 힘들다고 하는지 알 수 없어요. 나에겐 가장 분명하고 투명한 곡이지요. 하지만 어머니는 다르게 생각하세요. 브람스와 리차드 스트라우스를 좋아하고, 그 곡을 아름답게 부르시죠."

"음악가가 되길 원하니, 클라라?" 브레머 여사가 물었다.

"아니요, 그런 생각은 해본 적이 없어요. 재능이 한참 부족하거든요. 어쨌든 어중간하게 무얼하고 싶지 않아요. 집에 있다가 결혼해서 가정을 이루고 싶어요."

그녀가 개인적 행복에 대해 말한 것이 아니고, 자신의 직업에 대해 말했다는 것을 따뜻하고 분명한 그녀의 말 속에서 알 수 있었다.

브레머 여사는 조용하고 확신에 찬 모습으로 자신의 길을 가려는 이 소녀에게 호감이 커졌다. 어떤 내적 불만족으로 찢기지 않고, 짧은 즐거움을 추구하기에는 너무나 자부심이 강한 모습이었다. 이는 브레머 여사가 만난 수많은 부잣집 딸들의 모습과는 다른 것이었다. 그들은 칵테일 파티와 사교댄스모임의 영화배우들을 우상처럼 따라다녔다.

그러나 클라라는 그렇게 자유분망한 신여성 같은 부류가 아니었다. 나이 든 가정부가 되고 싶은 것도 아니었다. 핑계 대길 좋아하고, 자신의 덕과 완벽함을 자랑하고, 모든 사람에게 살아 있는 잔소리꾼인 그런 존재를 원한 것도 아니었다. 그녀는 어린 시절부터 좋은 가정에서 행복을 경험하는 엄마가 되고자 했다. 이제 그녀 내면은 누구에게도 비할 수 없는 자신의 것으로 성숙시켰다.

과연 클라라는 과연 그토록 오랫동안 찾았지만 발견하지 못했던 르네의 친구이자 자매가 될 수 있을까? 클라라가 르네의 남아프리카에 대한 향수를 극복하고 이곳을 편안하게 느끼도록 도울 수 있을까?

독일에서 살게 되면서 딸과의 사이가 점점 더 벌어지고 있다는 것은 엄마로서 너무 힘든 일이었다. 르네가 영국인 엄마에게 구한 것, 남아프리카 농장에 대한 생생한 기억과 그곳에 대한 갈망을 남편에게 아무런 문제 없이 원하는 만큼 엄마로서 해줄 수 있는 것이 없었다. 딸에게 독일에의 소속감을 줄 수 없었다. 이는 엄마보다 르네에게 특별히 다른 무언가를 의미하기 때문이었다. 르네에게 독일은 미래의 전부였다. 무엇보다 노출된 상처를 가지고 살아갈 수는 없었다. 모든 것을 잊고, 적어도 고통 없이 추억하면서 다시 시작하기에 충분히 어린 르네였다.

하지만 르네 엄마에겐 또 다른 문제였다. 독일은 남편과 아이들이었고, 그녀의 뿌리는 영국이었으며, 여전히 영국으로 남아있었다. 젊었을 때 남편을 위해 독일어를 배운 그녀였다. 어설프고 서툴게 회화하는 것이 싫어서 누구도 외국인이라는 것을 눈치 채지 못할 정도로 남다르게 열심히 언어를 익혔다. 수 년 동안 아이들과 영어로 한마디도 하지 않을 정도였다. 학교와 환경은 그들이 이중언어를 구사하며 자라도록 했다. 부모로서 아이들 가운데 부딪치는 문제는 일상의 언어가 혼용되고 있다는

브레머 여사는 조용하고 확신에 찬 모습으로
자신의 길을 가려는 이 소녀에게 호감이 커졌다.
어떤 내적 불만족으로 찢기지 않고,
짧은 즐거움을 추구하기에는
너무나 자부심이 강한 모습이었다

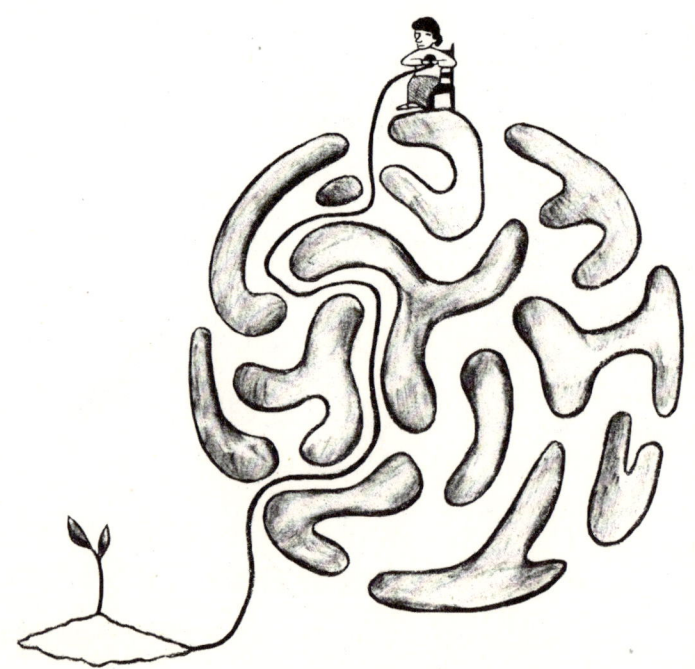

것이었다. 그것은 이중언어로 살아가는 사람들에게 흔히 발견되는데, 언어의 독자성에 대한 진지한 이해가 불가능하도록 했다.

헤럴드 씨는 이러한 아내의 희생에 무한한 감사를 보냈다. 가끔 일어나는 일이지만, 저녁에 부부가 따로 있게 되면 헤럴드 씨는 아내와 영어로 대화했다. 그것은 자연스럽게 무의식적으로 고마운 마음이 표출된 것이었다. 헤럴드 씨의 영어 실력도 아내의 독일어 실력만큼 훌륭해서, 독일에서 아이들이 성장하고 나서는 자주 영어로 대화했다. 집안의 고용인에게나 타인들 앞에서는 결코 영어를 사용하지 않는 원칙을 엄격하게 지켰다. 그들에 대한 배려가 없다고 생각할 수 있기 때문이었다.

동생들이 별다른 갈등 없이 쉽게 언어를 바꿔 쓴 반면, 르네는 영어가 친근하게 사용되고 있는 가족 분위기를 위기로 간주하고 있었다. 그녀의 기억은 압도적이었고 독일어로의 복귀는 그녀의 깊은 내면의 저항, 심지어 반감을 불러일으키곤 했다. 간혹 그 다음날 더 적응하기 어려워했다. 감정 조절을 하지 못했고 그로 인해 고통스러웠다.

그럴 때마다 어머니가 말을 걸려고 하면 이러한 혼란을 감당하지 못한다는 것을 받아들여야 했다. 친절한 말, 합리적인 이성, 우호적인 설득, 진지한 충고 어느 것도 주위 상황을 바꾸지 못했다. 어머니는 딸이 겪는 고통을 혼자 감당하도록 놔둬야 했다. 르네는 어머니와의 관계에서 잃어버린 고향을 재발견하려는 바람으로 한없는 사랑을 구했고, 과거에 잠겨 있는 그녀를 못마땅하게 여기는 어머니에 대한 실망감이 교차하고 있었다.

브레머 여사는 도움을 원했다. 르네는 아버지의 따뜻한 사랑을 확실히 느꼈지만, 지난 십오 년의 삶 속에 아버지의 존재는 남아프리카의 농부이며 농장 주인이었다. 아버지와 함께 아침 숲길을 산책할 때도 이 기억을 지울 수 없었다. 아버지에 대한 사랑을 독차지하고 있어도 그의 모국과 바꿀 수는 없었다. 형제들은 그러한 르네를 이해하지 못했다. 그녀의 행동을 우울증으로 여겼고, 가끔 그런 르네에 대해 화를 냈다.

"너도 누군가에게 고통을 주지 않고 네 감정을 통제할 수 있어야 해."

다른 사람이 아닌 과묵한 요하네스조차 이렇게 말했다. 그것은 르네로서 불공평한 것이었다. 누군가의 내적 감정에 비난받을 만한 어떤 표출도 자제한 르네였고, 최대한 자기통제를 하고 있었다. 그러나 그녀에게 향수는 깊은 질병이 되고 말았고, 얼마나 노력을 했든지 간에 주위사람들에게 숨길 수 없이 머리를 지끈거리게 했다.

"클라라." 브레머 여사가 말했다. "언제 몇 주 동안 시골에서 우리와 함께 지내면 어떨까?"

브레머 여사는 속내를 숨기고 넌지시 물었다. 부모들이 원하고 의도적으로 이루어지는 우정은 클라라와 르네같이 정서적으로 독립한 아이들에게 거절당하기 일쑤이고 아무것도 얻지 못할 수 있다는 것을 알고 있었다.

그렇게 해서 될 일은 아무것도 없다. 그 상황 속에서 아이들은 친구에 대해 부모들이 가지고 있는 생각, 즉 얼마나 부족한지 기준에 대한 본보기가 되고 있다는 것을 안다. 따라서 아이들은 부모의 손 안에서 교육 도구가 되어버린 친구에 대해 무수히 반복적으로 들어야 한다.

"애야, 프리쯔가 하는 것을 좀 봐라."

"한스라면 그런 짓을 할 리가 없을 텐데."

"그레테는 훨씬 일찍 일어나고 정리도 잘한단다."

등등. 그런 목적을 깨닫기도 전에 그렇게 부모에 의해 선택된 친구는 전혀 그럴 이유가 없더라도 당신에게서 떨어져 나갈 것이다. 브레머 여사는 강요된 우정은 가치가 없다는 것을 너무나 잘 알고 있다. 클라라와 르네는 각자 서로에 대해 발견하게 될 것이고, 그렇지 않다면 아무 의미가 없을 것이다.

클라라는 한편 놀라고 한편 기뻤다. 가족이나 형제들과 하루도 떨어져 본 적이 없었던 그녀였다. 그래서 초대는 너무 갑작스럽게 다가왔다.

"고마워요, 소피 숙모. 하지만 어떻게 말씀드려야 할지 모르겠어요. 집에는 제가 필요해요. 게다가 언제나 형제들과 함께 여행하거나 모든 일을 했거든요. 이렇게 무례하게 말씀드려서 죄송하지만 가족들과 떨어지고 싶지 않아요."

브레머 여사는 이처럼 공손한 거절로 인해 조금이라도 일을 그르칠 만큼 어리석지 않았다. 즉각 그녀의 생각을 말하기보다 다른 방법을 찾는 것이 나을 것 같았다.

'클라라는 집에서의 자신의 존재감에 대해 잘 알면서 우리에 대해 아는 게 없지. 클라라 같은 아가씨는 흥미롭다고 해서 불확실성을 향해 무리한 일상생활에도 불구하고 달려가지 않아. 확실하고 지속적이고 증명된 것을 선호하겠지. 경험과 변화, 미지의 세계 따위에 갈급해 하지 않아. 그런 이유로 오늘날 많은 여자들을 불행하게 하지. 클라라가 왜 그런 일을 하겠어? 그애는 필요한 모든 것을 가지고 있어. 매우 완벽한 삶을 누리고 있단 말이지.'

언젠가 어떤 여자애들이 브레머 여사에게 이렇게 말했다.

"보다 격렬하게 살아야 해요."

그 말의 의미는 상당했다. 그러나 클라라라면 놀라면서 그저 웃으며 고개를 젓기만 했을 것이다. 그녀는 이러한 일에 대해 필요로 하지 않았고, 허세를 부리는 여자애들보다 훨씬 강렬하게 살았다.

'그래 좋아.' 브레머 여사는 마음속으로 혼잣말을 했다. '그애를 설득하긴 쉽지 않겠지. 그러나 설득이 된다면 변함이 없을 거야, 어떤 경우라도. 클라라는 초대받는 것보다 초대하는 것을 더 좋아하리라는 것을 알 수 있어. 어른들은 거만함이나 냉담, 비우호적인 태도, 어떤 경우에는 싫증을 낸다고 판단할 수 있겠지만 말이야. 그런 모습은 행복한 가정에서 생활하고 있다는 믿을 만한 징표이기도 하지.'

브레머 여사는 자신에게 말하면서 미약하지만 다시 시도하겠다고 다짐했다.

"그러면 다른 제안을 하마, 클라라." 여사는 부드러운 목소리로 말했다. "언제든지 며칠 동안 오빠들과 함께 지내는 것은 어떻겠니? 그전에 우리가 시내에 가서 너희 부모님을 만나도록 하지."

그 제안은 곧 정리되었다. 바로 다음날, 브레머 여사가 시내로 가서 몇몇 일을 본 후 남편과 함께 브레이크 가족을 방문하기로 한 것이다. 그리고 부모님과 대화가 잘된다면 - 그들은 오늘 당장 전화를 걸어 물어볼 수도 있었다 - 그 아이들과 함께 집으로 돌아오게 될 것이다. 이렇게 정리가 되자 두 사람은 더욱 친숙해질 수 있었다.

"요하네스, 괜찮겠니?"

이제 장성한 아들에게 여사가 물었다. 그는 한마디 말도 없이 나란히 따라 걷고 있었다. 클라라와의 대화를 가만히 들으면서. 아들의 조용한 성품에 익숙한 브레머 여사는 오히려 아들이 별 생각 없이 불쑥 대화에 끼어들었다면 더 놀랐을 것이다. 클라라는 그의 이러한 침묵으로 마음가짐이 달라지지 않았으며, 편협함이나 무관심, 교만해서 그런 것이 아니라 조용하고 내성적인 성품이어서 그렇다는 것을 짐작하고 있었다.

큰형의 갑작스런 죽음으로 요하네스는 사실 전보다 더 깊이 침묵 속으로 빠져들었다. 부모들은 그것을 걱정하지 않았다. 형제들은 예전보다 요하네스에 대한 신뢰가 더욱 깊어지게 되었다. 어려운 경험 이후, 요하네스는 평안하고 화합적이며, 안정적인 분위기를 보여주어서 이런 비통함과 불안한 시기에 모든 것을 좋은 방향으로 흐르게 했다.

"물론이죠, 엄마." 요하네스가 대답했다.

거기에는 어쩔 수 없이 추종한다는 기미 없이 분명히 공감하고 수락하는 것으로 들렸다.

내일 벌어질 계획에 대한 빅뉴스는 즉시 가족들에게 제시되었고, 모두 기쁘게 받아들였다. 상당히 활기찬 대화를 하며, 일행은 곧 성 근처에 있는 초지에 이르렀다. 오래된 고목들에 둘러싸인 초지는 성곽의 낮은 지역까지 길게 펼쳐져 있었다.

성곽의 웅장한 테라스가 오후 햇볕을 받으며 시야에 들어왔다. 하인들이 재빠르게 푸르른 나무그늘에 테이블을 설치하고, 토속적인 빵과 케이크를 썰어 놓았다. 버터와 신선한 꿀을 담은 그릇과 신선한 우유 피처가 나왔다. 두 개의 큰 그릇에 담긴 신선한 딸기는 축제용 흰색 테이블보 위에 놓여 빛나고 있었다.

성의 여주인은 모두 자리에 앉도록 권했다. 그녀는 앞에 놓인 컵들에 크림을 부었다. 그리고 한 사람 한 사람에게 얼마나 설탕을 넣을지 물으면서 짙은 황갈색 차를 채웠다. 젊은 손님들은 이러한 영국식 관습에 익숙하지 않아 서로 놀란 얼굴로 쳐다보았다. 그들의 집에서는 엷은 차를 마셨고, 아이들은 차에 우유를 많이 넣어 마시는 것만 허용했다. 여기서 처음으로 이렇게 강하고 향이 진한 차를 맛보게 된 것이다. 그 맛은 집에서 전혀 경험하지 못한 훌륭한 차 맛이었다.

그들이 조금 전에 나눈 대화를 이어가기 전에, 소령이 말했다. 그는 안타깝지만 오늘 사랑하는 손님들에게 집안을 돌아보거나 집에 얽힌 극적인 사연을 얘기할 기회가 없다는 것을 알았다. 아마 그의 가족이 줄곧 남아프리카에서 십오 년 동안 살다가 이곳에 온 지 일 년밖에 안 된다고 들었을 것이었다. 그런데 소령이 젊은 손님들의 아버지인 옛 친구를 아직 초대하지 못한 이유를 설명했다. 그것은 이 년 전에 큰아들이 죽고 나서 가족들은 모든 것을 내려놓고 은둔생활을 하기 원했기 때문이다.

소령은 이 말을 하면서 프란쯔와 울리히의 눈이 무의식적으로 마주쳤다. 소령은 계속 말을 이었다. 이 은둔을 끝내려고 하던 차에, 조용히 어린 시절 단짝 친구의 자제들이 그의 집에 깜짝 손님으로 방문하여 예기치 못한 행복한 만남을 가져다 주었던 것이다. 이를 특별히 좋은 징조라고 해석했고, 두 가정이 서로 만나 더 깊은 교제를 하게 될 것으로 보았다. 아마 아버지들의 우정이 자식들 사이에서 재창출될 것이다. 시간만이 알 수 있고 시간만이 그것을 가져다 준다.

그러나 젊은 손님들을 이곳에 모이게 한 것은 아이들의 아버지와의 평생 우정 때문이었으므로, 이제 헤어지기 전에 브레이크 씨와의 우정이 어떻게 이루어졌는지, 그 이야기를 남은 시간에 간략하게나마 듣고 싶어할 것이다. 소령은 아이들의 아버지가 오늘날까지 이 특별한 이야기를 혼자 간직한 데에는 타당한 이유가 있을 것이라고 추정했다.

소령의
이야기

브레이크가의 아이들은 소령의 조용하고 차분한 말투에 더욱 귀기울이며 이야기를 들으려고 조바심을 냈다. 그들은 아버지의 어린 시절에 대해 잘 알지 못했고, 아버지는 자신의 이야기를 거의 하지 않았다. 그래서 소령에게 간절히 부탁했다. 소령이 아버지 이야기를 시작하자 조용해졌다.

열세 살 되던 해, 이 성에 살고 있던 부모님은 나를 시내 학교에 보냈단다. 큰 고모 댁에 방을 얻었지. 그때까지 외아들인 나는 개인학습을 받고 있었다. 친구들 앞에서 언제나 리더 격이었고, 그것을 자연스럽게 즐겼다. 부모님은 지적으로나 신체적으로나 견줄 만한 친구들이 내 주위에 없다는 점을 염려하셨지.

학교 친구들이 나를 따르고 내 명령에 복종하는 것을 당연하게 여겼다. 나의 지위를 다른 약한 친구들과 비교하면서 악용하지 않았다고 믿었고, 나와 겨룰 만한 친구를 만난 적도 없었다.

아버지가 나를 김나지움Gymnasium에 보내기로 결정한 것은 기쁜 일이었다. 새로운 학급 친구들을 고대했고, 그들에게 보여줄 게임과 그들과 한 팀이 되어 즐기게 될 모의전투에 대해 상상의 날개를 폈단다. 나는 너무 천진난만했고 경험 부족으로 누군가 나에게 도전할 수 있다는 것, 정당한 이유 없이 내 자리를 인정하지 않는 따위의 일은 결코 있을 수 없다고 단정했다.

드디어 학교에 가는 첫 날, 나는 엄청난 자부심과 확신에 차 있었다. 계단이나 학교 안에서의 소동은 내가 본 적이 없던 일이지만 당황하지는 않았다. 이례적이긴 해도 내게는 즐거운 일이었다. 예전에 아버지가 나를 소개한 적이 있던 교장 선생님은 손수 나의 새로운 학급을 보여주었다.

"넌 정말 행운아다."

그렇게 말하며 한편으로 세밀하게 나를 관찰하였다.

"매우 특별한 학급에 들어가게 되었다. 이런 반은 예전에 없었단다. 네가 잘 적응할 수 있길 바란다"

교장 선생님이 학급 문을 열었다. 그러자 스물다섯 명의 학생들이 한 아이를 중심으로 에워싸고 있었고, 그 아이가 생기 넘치게 이야기하는 것을 듣고 있었다. 모든 아이들의 고개가 문 쪽으로 향했고, 내가 교장 선생님과 함께 교실로 들어갈 때까지 그대로 서 있었다.

"그래, 한스야. 오늘 무슨 일이 있었냐?" 교장 선생님은 아이들의 한가운데 있던 아이에게 물었다. 다른 학생들은 그가 말하도록 옆으로 물러섰다. 그제야 그 아이를 분명하게 볼 수 있었다. 그때 그의 첫 인상을 결코 잊을 수 없단다. 약간 마른 듯한 근육질의 몸매로 두텁고 짙은 갈색머리의 두드러진 머리 스타일과 도도하고 지적인 갈색 눈, 상당히 높은 코, 거기에 똑바로 서서 자기 확신이 넘치는 태도로 가벼운 셔츠와 벨트 바지를 입고 우리를 바라보고 있었다.

"학급 일을 결정해야만 해서요, 교장 선생님." 그는 정중하게 말했다.

"무슨 문제가 또 생겼니?" 교장 선생님이 물었다.

"네, 하지만 제대로 되었습니다." 한스는 확신있게 대답했다.

"좋아, 시장나리." 교장 선생님은 뭔가 어색한 농담을 섞어 한스의 대답에 반응했다.

한스는 인상을 찌푸렸다.

"왜 못마땅한 표정을 짓는 건가, 한스?"

"저는 아버지의 직위로 불리는 것이 싫습니다. 교장 선생님, 시장은 아버지이지 제가 아닙니다."

"알았다, 한스. 오늘 새로 온 학급 친구가 있다."

교장 선생님의 말에 친구들의 시선이 모두 나에게 쏠렸다. 나는 오직 한스만 바라보고 있었다.

"헤럴드 본 브레머라고 한다. 앞으로 며칠 동안 학급에서 생활하는 데 필요한 것을 알려주고 잘 돌봐주기 바란다. 자! 헤럴드, 잘 지내도록 해라!"

교장 선생님은 자리를 떠났다. 한스는 그런 과제에 익숙한 듯 차분하게 나를 바라보았다. 그가 다가와서 악수를 건네며 말했다.

"헤럴드, 당분간 네 자리는 여기 앞 좌석으로 하자. 늘 그렇게 하거든, 새로운 친구와 우리가 익숙해질 때까지."

"넌 어디 앉니?" 나는 순진하게 물었다. 이 질문에 많은 눈빛이 놀란 듯 쳐다보았다.

"뒷자리에 앉지." 한스가 대답했다.

"그럼, 네 옆에 앉고 싶은데." 내가 말하자 큰소리로 킥킥거리는 소리가 터져 나왔다.

"조용히 해!" 한스가 명령하자 킥킥 소리가 멈췄다. 그가 나에게 돌아섰을 때 우리의 눈이 마주쳤고, 순간 서로에게 소리 없는 저항이 일었다.

"그건 안 돼, 헤럴드." 그는 말했다. "나중에는 모르겠지만."

그는 얼마간 놀란 듯 보였다.

"왜 안 되는 거지, 만일 내가 그렇게 하고 싶다면?" 도전적이라기보다 이해할 수 없다는 듯이 말했다.

"한스가 이곳의 대장이기 때문이야, 네가 아니고."

키가 작고 왜소한 체구의 한 친구가 날카로운 목소리로 외쳤다. 그러면서 한스의 인정을 받으려는 듯 갈망하는 눈으로 그를 쳐다봤다.

"입 다물어라, 메이어!"

한스가 소리치자, 그 작은 소년은 움츠러들었다. 그때 한스는 조용히 내게 말했다.

"아니, 네가 그렇게 하라고 해서가 아니고 학급의 규칙이기 때문이야. 그래서 내가 그렇게 해야 하는 이유이고, 그걸 이해해야 한다, 헤럴드."

우리의 눈이 다시 마주치면서 순간적으로 서로의 깊은 곳을 살폈다. 처음으로 가만히 각자의 힘을 판단했다.

"여기가 네 자리야."

한스는 그렇게 말하며 내가 앉을 의자로 데려갔고, 나는 쾌활하고 나이가 많아 보이는 아이와 함께 앉았다.

그의 옆에 앉자 작은 목소리로 그애가 말했다.

"흥분하지 마라, 그는 대단한 친구야. 어쨌든 그를 지독하게 쫓아다니는 녀석들이나 알랑거리는 녀석들이 그를 제대로 놔둔다면 말이지. 결국은 그 녀석들이 그를 망치게 될 거야."

종소리가 나고 선생님이 들어오신 후 수업이 시작되었다.

그때 브레머 여사가 끼어들었다.

"당신이 그렇게 세세하게 이야기를 계속한다면 아이들은 아무것도 할 수 없게 될 거예요."

"그렇군, 여보." 소령이 대답했다. "자기들 아버지 이야기이니. 나밖에 이야기해 줄 사람이 없어요. 그래서 제대로 들려주려는 거지. 먹으면서 들어라, 얘들아. 너희 아버지는 대단한 친구였단다. 등교한 첫날부터 그건 분명했단다."

소령의 이야기는 계속되었다.

한스는 확실히 전과목의 기본이 튼튼한 친구였다. 두 말할 것 없이 반에서 최고였다. 그가 교수와 나누는 라틴어 회화는 거침없이 완벽하고 유쾌한 것이었다. 그리고 우리가 막 읽기 시작한 호머도 전혀 어려워하지 않았고, 마치 보스(Voss, 신학자)의 번역

서보다 원서가 더 쉬운 듯했다.

　나는 하루종일 가만히 있었다. 아무도 내게 말을 걸지 않았고, 평화롭고 조용한 가운데 관찰할 시간을 가졌다. 나는 사고와 판단에 있어서 독립성이 요구될 때마다 특별히 성적이 부진한 친구들을 주목했다. 무엇보다 한스와 그의 태도가 주의를 끌었다. 그는 자연스럽게 학급 친구들과의 관계에서 탁월했고, 조금도 야망이나 허영의 흔적을 찾아볼 수 없었다. 그는 있는 그대로 행동했는데, 그것이 학급에서 인기 있는 우상이 되게 하였다.

　학교 휴식 시간에 그가 운동장에 모습을 드러내면, 윗학년이나 아래 학년이나 다같이 구름떼처럼 모여들었다. 그러면 그는 무엇이든 그가 좋아하는 게임을 구성하거나 다른 친구들과 이야기하곤 했고, 그를 우연히 길에서 마주치기라도 하면, 윗학년 학생조차 그에게 부드럽게 미소를 보냈다. 그들은 그의 가까이에서 멈추어 그의 대화를 들으려 했고, 그가 마련한 게임에 참여하고자 했다. 간단히 말하면, 그들은 모든 방면에서 그에 대한 특별한 애정을 증명하려 했다. 그때 이후 지금까지 살면서 그런 경험을 한 적이 없었다.

　한마디로 한스는 학교에서 우상이었다. 이 말을 강조하는 것은 한스가 그런 것에 대해 조금도 자만하거나 자부심을 보이지 않았고, 세상에서 가장 자연스런 듯이 행동했기 때문이다. 물론 그도 다른 아이들처럼 웃고 까불고 흥분하곤 했다. 그러나 그가 명령할 때는 모두 자동적으로 복종했고, 어느 누구도 그 앞에서 다른 말을 할 엄두도 못 냈다.

첫 번째 휴식 시간에 혼자 운동장을 걸었다. 모든 것이 내가 상상했던 것과 딴판이었다. 한스는 내 생각을 뒤집었다. 나무에 기대어 그를 관찰하려고 노력했다. 그때 누군가 어깨를 두드렸다. 그는 교실에서 나와 나란히 의자에 앉는 친구였다.

"난 너를 돌보기로 되어 있어, 헤럴드." 그가 말했다.

"누가 그렇게 말했는데?" 내가 물었다.

"한스, 알잖아. 꼬마 메이어가 멍청이 같은 소리를 또 하기 시작했다구. 네가 귀족 냄새가 나는 것 때문에 너를 대단한 속물이라고 말하는가 하면 다른 애들처럼 네가 한스에게 끝장날 것이라는 둥 말이야. 하지만 한스는 진짜로 야단치며 네가 어딜 가든 원하는 대로 할 수 있다고 말하면서 그건 메이어가 상관할 바가 아니라고 했어. 네가 홀로 있기를 원한다면 충분히 이해할 수 있다고 말했지. 그리고 '폴, 헤럴드를 잠시만 돌봐줘. 어쨌든 나도 생각을 정리해야 했어. 다른 애들처럼 모든 것을 그에게 동조하지는 않아'라고 말했어."

나는 너무 놀란 나머지 나이 많은 학급 친구의 상냥하고 조용한 얼굴을 바라보았지. 그가 맡은 과제만큼이나 마지막 그의 말에 놀랐다. 내심 이 아이를 신뢰해도 되겠구나 싶었다.

"왜 다른 친구들과 어울리지 않는 거지?"

무언가 중요한 것을 듣기 바라며 물었다.

"잘 모르겠어." 폴은 느릿느릿하게 대답했다. "여하튼 말하자면 길어. 나중에 얘기하는 게 나을 거야. 하나만 얘기하지. 그건 한스 때문이 아냐. 그는 대단한 친구거든."

순간 머리가 복잡해졌다. 뭐가 한스 때문이 아니라는 거지? 누가 문제라는 것이지? 그가 한스를 대단한 친구라고 말한 것은 이번이 두 번째였다. 모든 사람이 명백하게 그에 동의했다. 폴은 계속 말을 이어가고 있었고, 나는 아직 머릿속에 한가지 의문이 복잡하게 얽혀 정리되지 않았다.

"아마 여기가 쉽지 않을 거야. 내가 볼 때 그래. 나와는 다르거든. 나는 평범하고 그래서 분명하지 않아. 그러나 그들은 정말 너를 주시하고 있을 거야. 그것을 다루는 법을 알아야 할 거다. 하여튼 그건 나에게 달려 있어."

나는 어지럼증을 느꼈고, 폴이 말하는 것을 이해할 수 없었다. 그를 의문의 눈초리로 바라보았다.

"잠깐만." 그가 말했다. "곧 이해하게 될 거야. 넌 전혀 서두를 필요가 없어."

종소리가 나고 마지막 수업이 시작되었다. 이 조용하고 무언가 어설픈 아이가 나에게 예언한 것은 무엇인가? 나는 수업이 끝나고 학교가 파할 때까지 내내 이 생각에서 헤어나지 못했다.

한스가 물었다. "집으로 가는 길에 같이 갈까?"

"좋지. 난 왼쪽으로 가서 다리를 건너는데."

"난 오른쪽으로 가야 해, 공원을 지나서." 한스가 말했다.

"안 되겠네. 같이 갈 수가 없겠는걸."

내 말에 한스가 놀란 표정으로 쳐다보는 것을 주목했다.

"그래, 할 수 없네." 둘이 똑같이 말했다.

그리고 벌써 학급 친구들이 그를 에워싸고 있는 것을 보았다. 그들은 그와 함께 집에 가길 원하는 친구들이었다. 그 역시 저걸 내게 기대한 걸까? 의아했다. 나는 그런 생각이 일어나지 않았다. 집으로 향하려는 차에 폴이 쫓아왔고, 우리 집에서 몇 집 건너에 그애가 살고 있다는 것을 알았다.

"너는 다른 아이들처럼 같이 갔어야 해." 폴이 말했다.

"하지만 나는 그 동네 살지 않잖아."

"다른 친구들도 마찬가지야."

"그건 개네들 사정이고." 나는 대답했다. "여하튼 난 내 길을 갈 거야."

폴은 아무 말도 하지 않았다. 우리는 조용히 함께 걸었다.

"그들은 여전히 한스를 해치고 있어." 폴은 갑자기 혼잣말로 중얼거렸다. "만일 폭탄이 곧 터지지 않는다면. 그는 주위에서 웅성거리는 이 모든 것들 때문에 미쳐 버릴 거야. 모두들 그를 흉내내고 있거든. 그가 느끼면서도 신경쓰지 않는다는 게 놀라울 지경이야. 학급을 위해서도 결코 좋지 않아. 이 상태에서 아무도 성장할 수 없어. 아첨하는 몇몇 친구들은 역겨울 정도라구. 한스는 순진한 편이지. 그는 그들이 하는 짓에 주의조차 주지 않아."

폴은 한스와 나보다 두 살 위였다. 그가 학습 지진 학생인 것을 눈치채고 있었다. 배우는 속도가 느리고 어려워 했다지만 혼자만의 생각을 할 수 있고, 다른 사람들을 받아들이는 자신만의 방식이 있는 그였다. 전혀 개인적인 욕망을 가지고 있지 않았고, 매우 따뜻한 마음의 소유자였기에 학급에서 한스 외에 일종의 특별한 지위를 누리는 유일한 친구였다. 우리는 작별인사를 했다.

그날 밤, 잠자리에서 몸을 뒤척이며 오랫동안 잠들 수 없었다. 눈을 감으면 계속해서 한스의 모습이 어른거렸다. 그러다가 잠이 들었다. 꿈이었다.

우리는 학교 운동장에 있었다. 다른 아이들은 운동하고 있었고 나는 혼자 나무에 기대어 서 있었다. 아무 생각 없이 그들을 바라보고 있었다. 가끔 공이 의도적인 듯이 내 머리 위를 날아가는 바람에 놀라서 피하기도 했다. 꼬마 메이어가 낄낄대는 것을 보았고, 나지막하게 킥킥거리는 소리가 포효하는 웃음소리로 부풀어 올라 허리케인처럼 내 귀를 먹먹하게 하였다. 동시에 꼬마 메이어가 눈에 띄게 점점 더 커져 갔다. 만년필이 그애 손에 쥐어져 있었는데, 만년필은 그애가 자라면서 거대한 비율로 같이 커져 갔고, 순간 조소하듯 웃으며 내 얼굴에 잉크를 뿌렸다. 잉크가 뺨에서 흘러내렸다. 나는 화가 나서 미칠 지경이 되어 그애를 후려치려고 했다.

그때 몇몇 아이들이 내 손을 나무 뒤로 꽉 묶었다는 것을 알아차렸다. 그 순간, 메이어의 얼굴이 창백해졌고 공포에 질린 표정으로 변했다. 몸은 쪼그라들어 난장이처럼 되어버렸다.

한스가 나타나더니 메이어 앞에 서 있었다. 화려하고 긴 망토와 부드러운 느낌의 모자를 쓴 그의 복장은 영화에서 본 시장이나 고위관료 같았다. 메이어는 이제 아주 작아져서 우리의 발 주위를 팔짝팔짝 뛰어다니고 있었다. 한스가 그를 발로 차자 죽어버렸다. 나는 환호했고 순간 부끄러웠다. 한편, 다른 친구들은 스스로 땅 위에 넘어졌다. 떨어져 있던 폴만 유일하게 팔짱을 낀 채 서 있었고, 머리를 저으며 반복해서 같은 말을 했다.

"결코 좋지 않아, 결코 좋지 않아."

한스가 그에게 미소 짓자, 그는 다른 아이들을 일어나도록 했다. 그 순간 모든 시선이 나를 향했다. 그들의 입에서는 합창으로 찌르는 듯한 비명소리가 나왔다.

"새로 온 아이는 굴복하지 않는다!"

나는 갑작스럽게 모든 아이들이 변하는 것이 두려워서 떨었다. 그들은 꿀벌, 모기, 말파리 같은 온갖 날벌레가 되어 찌르고 물고 끔찍한 고통을 주었다. 나는 채찍질을 했고, 주위에는 땅에 떨어진 날벌레들이 수북하게 쌓였다.

놀란 표정의 한스가 나를 바라보고 있었다. 단번에 돌진한 나는 그를 낚아채고 망토 입은 그의 오른쪽 갈비뼈를 쳤다. 끔찍한 레슬링이 시작되었다. 한스의 눈은 놀란 표정 그대로였다. 우리는 숨을 헐떡거리며 극도로 긴장했다. 둘 중 누구도 상대방을 땅바닥에 내동댕이치지 못했다. 수업 시작 종이 울렸지만 계속해서 엎치락뒤치락거렸다. 종소리가 점점 더 커져 갔고, 끊임없이 울리면서 이제 귀가 떨어질 정도로 커져 갔다. 어느덧 학생들과 선생님들이 우리를 에워싸고 있었다.

나는 교장 선생님이 외치는 소리를 들었다.

"한스, 시장나리. 그를 혼내라!"

낮고 조용한 목소리의 답이 돌아왔다.

"입 다무세요!"

동시에 누군가 교장의 입을 공책으로 내려쳤다. 폴이었다.

우리 둘은 점점 지쳐갔다. 가슴과 가슴으로 서로의 뜨거운 호흡을 느꼈다. 더 이상 싸우기 힘들다고 생각했다. 그 사이에 갑자기 난쟁이 메이어의 생명이 돌아와 내 뒤로 기어오르더니 다리를 물었다. 나는 엄청난 고통을 느꼈다. 그러나 한스가 발로 내쳤고, 메이어는 완전히 사라졌다.

그때 파국이 찾아왔다. 한스가 순간적으로 균형을 잃은 것이다. 그는 비틀거리며 내 앞에서 쓰러졌다. 그러나 그가 내 발 밑에 깔리기 전에 발을 들어 올려서 그를 풀어주었다. 나는 몹시 부끄러움을 느꼈다.

"미안해."

내 말투는 더듬거렸다. 우리 둘을 둘러싸고 있던 선생님들과 학생들이 사라졌다. 죽음 같은 적막이 흘렀다. 둘은 놀란 눈으로 서로 한동안 쳐다보기만 했다.

"이리 와."

한스가 말했다. 마치 아무 일도 없었다는 듯이 우리는 교실로 돌아가 맨 뒷줄 의자에 나란히 앉았다.

그날 하루종일 꿈을 잊을 수 없었다. 한스가 지나쳐 갈 때마다 눈이 마주쳤다. 우리는 거의 아무 말도 하지 않았다. 폴이 유일한 벗이었다. 몇 주가 지나는 동안 내 성적이 한스에게 조금도 뒤처지지 않는다는 사실이 드러났다. 그러나 인정받지 못했다. 반대로 학급에서 나에 대한 적대감이 커져 가고 있음을 느꼈다.

체육 성적 역시 다른 친구들보다 우리 둘의 성적이 월등했다. 그 결과, 우리끼리 팀을 짜서 경기를 하거나 게임할 때 한스와 나는 항상 양쪽 팀의 주장을 맡아야 했다. 어느 정도 시간이 흐르자, 한스 팀은 이기는 경우만큼 지는 경우도 생기고 있었다. 그러나 그것도 나에게 도움이 되지 않았다.

한스는 철저하게 정당한 시합을 했다. 그의 편에서 누군가가 아주 사소할지라도 속임수를 쓰면 영락없이 화를 내곤 했다. 그의 팀 아이들을 가장 경멸하는 투로 꾸짖었다. 그의 팀이 지는 경우, 눈을 동그랗게 뜨고 놀란 듯한 나를 바라보았고, 다른 친구들이 복수하고 싶어 한다는 것을 느낄 수 있었다.

휴식 시간이면 나는 폴과 함께 시간을 보냈고, 다른 친구들은 한스 주위에 모여 있었다. 학교가 파한 후 우리는 첫날처럼 각자 다른 길로 향했다. 외부에서 보면 모든 것이 자연스럽고 평온하게 진행되는 것 같았지만, 내부에서 보면 온갖 찌꺼기들이 쌓여가고 있었다. 그에 대해 폴과 이야기했다.

"처음부터 너희 둘 사이에 무언가 일이 생길 줄 알았다."

그가 말했다. 왜 무슨 이유로 그렇게 생각했는지 물었다. 나는 한스에 대해 아무런 감정을 갖고 있지 않았고, 한스 역시 나에 대해 그럴 것이라고 생각했기 때문이다. 폴은 비록 정답은 아니지만 대답했다.

"아마 요 며칠 폭풍우가 지나면 학급 분위기가 맑아지겠지. 상처를 주진 않을 거야."

폭풍이 몰려오는 몇 주 동안, 몇몇 못된 학급 친구들이 나에게 접근해 왔고 한스에게 대항하는 조직을 만들자고 했다.

그들은 한스가 학급에서 독재적이고 자신 외에 어느 누구도 용납하지 않는다고 했다. 한스는 교만하고 나를 미워하며, 나를 창피하게 만들 기회만 노리고 있고, 지금이 바로 그에게 대항할 시기라는 둥 하는 것이었다. 이 친구들이 나와 우호적인 관계를 맺으려는 유일한 이유는 한스가 그들의 행동에 대해 비열하고 우발적인 처신이라면서 벌을 주었기 때문이라는 것을 알고 있었다.

나는 즉각적으로 그들에게 등을 돌렸고, 너희가 그런 것을 한스에게 말해야 하고, 나는 너희들을 믿을 수 없다고 했다.

폴에게 한스 역시 나에 대한 중상모략을 듣고 있다는 소리를 들었고, 그 역시 나처럼 그들의 제안을 거절했다고 들었다. 그 점에 대해 그를 존경했다. 조용히 집에 있는 동안 무엇이 나를

폴에게 한스 역시 나에 대한 중상모략을 듣고 있다는 소리를 들었고, 그 역시 나처럼 그들의 제안을 거절했다고 들었다. 그 점에 대해 그를 존경했다. 조용히 집에 있는 동안 무엇이 나를 이처럼 지속적으로 긴장하게 하는지 의아했다.

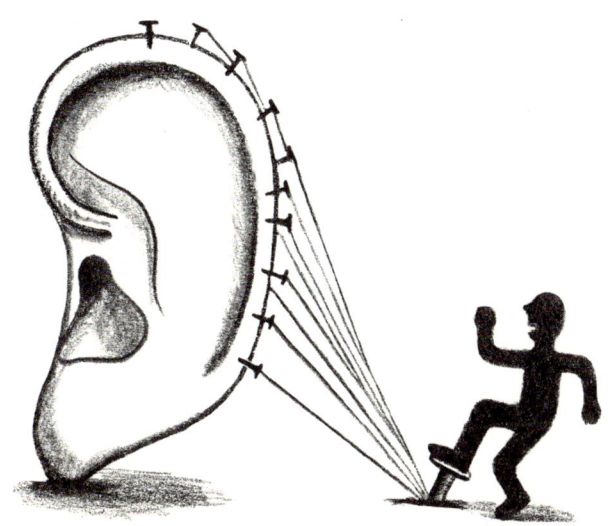

이처럼 지속적으로 긴장하게 하는지 의아했다. 한스에게서 아무런 잘못을 발견하지 못했고, 그 역시 나에 대해 마찬가지일 것이라고 믿었다. 그가 합리적인 시각을 가지고 있고, 그의 행동은 공정하고 친절하다는 것을 알고 있었다. 인격적인 면이 나와 같은 부류라고 느꼈다. 그렇다면 학급 친구들이 잘못하는 것이다. 그들은 우리 둘이 서로 적대 관계가 되게 하려고 노력했고, 우리 사이를 갈라놓으려 했다. 그들은 나의 존재 자체, 특히 나의 성적과 성과에 대해서 자기네들의 우상에 대한 공격이며 모욕이라고 여겼다.

어느 날 아침, 매우 교묘하게 묻어놓은 지뢰가 폭발했다. 그날 휴식 시간에 한스가 다가오더니 자기 그룹에 참여할 것을 요구했다. 창백한 얼굴과 떨리는 입술은 그의 내적인 동요를 드러냈고, 나를 놀라게 했다. 그가 무엇을 원하는지 상상할 수 없었다. 내가 그의 그룹에 대해 알려고 하자, 잠시 불편한 침묵이 흘렀다.

한스는 나지막하게 떨리는 목소리로 말하기 시작했다. 지난번 게임 후에 세 학급에서 내가 주장한 내용이라며 고발했다는 것이다. 첫째, 한스가 종종 단체 경기에서 속임수를 써서 승리를 거두었다. 둘째, 그가 지난번 라틴어 시험에서 유일하게 완벽한 점수를 받은 것은 선생이 한스의 아버지가 두려워 사전에 시험 출제용 문장을 한스에게 알려주었기 때문이다. 셋째, 내가 한스에게 오래도록 기억에 남게 될 바로 큰 시합이 다가오고 있었는데 그때 그를 함정에 빠뜨리도록 협박했다는 내용이었다. 이것이 내가 벌인 일이라고 고발했다는 것이다. 이에 무슨 말을 해야 했을까?

한스는 이글거리는 눈으로 쳐다보면서 내 답변을 기다리고 있었다. 발 밑에 땅바닥이 꺼지는 기분이었고, 한스와 마찬가지로 내 얼굴은 창백하게 변했을 것이다. 내가 할 수 있는 말은 그저 누가 이러한 말을 했는지 되물어보는 것뿐이었다. 한스는 이 시점에서 끔찍한 보복행위가 있을 수 있다고 추측하고, 내게 이러한 것에 대해 실체가 없다고 말했다.

정신을 가다듬고, 나를 누가 중상모략했는지 알기 전에 어떠한 방어적 발언도 하지 않겠다고 아주 조용히 말했다. 그들을 무시하는 것 외에 어떠한 보복도 하지 않을 것이라고 약속했다.

한스는 내 말에 감명을 받은 듯했다. 그러더니 나에 대해 놀란 표정들 중 하나에게 눈빛으로 지목하고 있었다. 교실에는 어떤 불안감이 압도했다.

"말하지 마! 그건 헤럴드와는 상관없는 일이야!" 그들 중 몇몇이 중얼거렸다.

한스가 대답하지 못하고 머뭇거릴 때, 나는 크고 화난 목소리로 말했다.

"그렇다면 여기에 내가 있어야 할 이유가 뭐지? 나는 이 불명예스런 일에 대해 너희가 사과할 때까지 어느 누구와도 한마디 하지 않겠어."

단호하게 똑바로 한스를 바라본 나는 그 자리를 뜨기 위해 돌아섰다.

"잠깐만, 헤럴드." 한스가 말했다. "우리가 잘못했다는 것을 알았다. 중상모략이야. 학급 친구들을 대신해서 사과한다. 중상모략한 이름들을 알아야 한다면 너에게 알려줄 거야. 약속하건데 앞으로 이런 일은 다시 일어나지 않을 거야. 책임질게."

"그 불쌍한 이름들은 네가 잘 간직하거라."

나는 자리를 떠나면서 소리쳤다. 그러다가 돌아서서 한 번 더 말했다.

"한스, 너도 마찬가지야. 내가 그런 짓을 할 수 있다고 생각했다면 부끄러운 줄 알아. 너의 사람들이나 더 잘 살피도록 해라."

처음으로 한스의 표정에서 깊은 상처와 슬픔, 부끄러움을 보았다. 나는 이 말을 뱉고 바로 후회했다.

모략자들은 그런 간악한 음모를 꾸미기 위해 몸을 낮추고 굽혔다. 한스의 미묘한 명예심이 이례적으로 공격당한 것이 틀림없었다. 그들은 내가 아니라 한스에게 패배를 가져다 주는데 성공한 셈이었다. 하지만 나에게도 고통스런 것이었다. 충동적으로 돌아선 나는 한스에게 다가가 손을 내밀었다. 그는 한마디 말없이 손을 잡았고 흔들었다. 그리고 나서 다른 친구들을 무시하고 내 갈 길을 갔다.

"편하게 듣도록 해라." 소령이 말했다. "다음에 이어질 얘기는, 그때 모든 일들이 나에겐 마치 어제 일 같아서 상세하게 기억하고 있다. 확실히, 학급에서의 내 입장은 그때부터 안전하고 보호받는 입장이 되었다. 나에게 한스가 약속했기 때문이지. 그렇지만 미처 폭풍이 겪이지 않았고, 구름이 몰려들면서 점점 더 어두워지고 있었단다."

오직 나를 학교에서 내쫓는 데 몰두하고 있다는 그룹의 얘기를 폴에게 들었다.

한스는 그 불행한 사건으로 변해 있었다. 그는 자연스런 모습을 많이 잃었다. 가끔 학급 친구들에게 거칠게 말하는 것을 들었고, 몇몇을 의심스러운 눈초리로 관찰하는 것을 보았다. 나에 대한 태도는 어느 정도 거리감과 따뜻함, 그 양쪽을 두루 느낄 수 있었다.

학교의 큰 시합이 다가오고 있었다. 오랫동안 준비해 왔고, 한스는 대회를 조직하는 데 참여했으나 나에게는 요청하지 않아서 참여하지 못했다. 나는 일등 하기 위해 굳은 결심을 하고 매일매일 혹독하게 연습해 나갔다. 시합은 점수제로 학급 최고와 학교 최고, 상위 두 명만 선출하는 방식이었다. 후자는 영예의 주인공이었는데, 지난 이 년 동안 한스가 학교에서 최고 자리에 올랐다. 우리는 6학년이었고, 열네 살이었다.

그날 아침, 운동장에 줄을 섰을 때 한스는 학급 아이들에게 간단하게 연설을 했다. 유난히 윽박지르는 말투로 곧 있을 경기에서 훌륭한 스포츠맨십에 최선을 다할 것을 요청했다. 누구든 이 원칙을 어기는 자에 대해서 취해질 험악한 결과까지 협박하듯 말했다.

한스는 조짐이 좋지 않게 여겼다. 학급 아이들을 조사하면서 무언가 심한 의심의 눈초리를 보였고, 그의 행동에서 눈에 띄게 긴장감이 느껴졌다. 그가 연설을 끝내고 내 곁을 지나면서 나를 위해서라면 무슨 일이든 하겠다는 듯이 얼핏 쳐다봤다.

이 시합은 축제였지만 알 수 없이 우울하게 하는 분위기였다. 그러나 그 이유가 곧 밝혀졌고, 한스가 옳았다는 것을 알았다. 첫 번째 사고는 정오 무렵에 일어났다.

예상했던 대로 한스의 점수와 내 점수는 거의 같았고, 사실 내 점수가 몇 점 앞서는 상황이었다. 한스는 육체적으로나 감정적으로 그다지 좋지 않은 상태로 보였다. 몇몇 경기에서는 빈약한 모습이었다. 학급 아이들 사이에서 한스가 우승하기 힘들 거라고 수근거렸다. 화난 표정들이 내 눈에 들어왔다. 안타깝게도 축구 경기 중에 한스는 누군가의 일격으로 비틀거리다가 정신을 잃고 말았다.

"브레머 짓이야." 갑자기 웅성거렸다.

한스는 아직도 멍한 상태였지만, 그 웅성거리는 소리를 듣고는 아주 맹렬하게 머리를 흔들며 말했다.

"절대 헤럴드가 아니야, 다른 사람이라구."

나는 즉시 심판에게 판정을 요구했다. 다행히 결정적인 순간에 내가 한스 곁에 없었다는 것이 명확하게 밝혀졌다. 이것은 우연의 일치가 아니었고, 나를 실격시키기 위해 내 적들 중 누군가 가장 추잡한 음모를 꾸민 것이 분명했다. 그것을 증명할 수 없었기에 가만히 있을 뿐이었다.

한스는 빠르게 회복했고 곧 나를 따라잡았다. 한스는 나에게 혐의를 씌우기 위해 시도하는 또 다른 계략이 있음에 유감이라고 하며 아주 곤혹스럽게 나를 바라보았다. 나는 그에게 유감스러웠다. 그는 학급 아이들에게 한마디도 하지 않았다.

오후 경기에서, 그는 전력으로 최선을 다해 내 점수와 동점이 될 만큼 따라잡았다. 훗날 그는 자신이 우승하겠다는 마음은 없었으나 그날만큼은 내가 우승하지 않는 것이 더 낫다고 파악했다고 회고했다.

저녁 시간이 되자 우리 둘의 점수는 동점이 되었고, 드디어 마지막 한 종목만 남겨 두고 있었다. 우리 둘이 잠시 후 학교의 최고를 겨루기 위한 결정적인 시합을 치루게 되었다는 소문이 급속히 퍼져 나갔다. 그러자 수 백 명의 학생들이 우리 주위로 몰려왔다. 나는 승리를 위해 있는 힘껏 겨뤘다. 한스 역시 나를 위해 최선을 다했다.

"브레이크 대 브레머, 장대높이뛰기!"

심판이 외쳤다. 내가 특별히 좋아하는 경기 종목이었고, 한스는 이 경기에서는 성적이 좋지 않은 편이었다. 메이어를 포함한 학급 아이들은 여러 가지 장대를 가져와 고르도록 했다. 나는 몇몇 아이들이 잽싸고 은밀하게 장대를 바꿔치는 것을 보았다. 한스가 그에게 제공된 첫 번째 장대를 잡았다. 그는 달렸고 뛰어올랐다.

"3미터 50!"

심판이 외쳤다. 인정하기 힘들어 하는 소리들이 군중 사이에서 들려왔다. 한스는 평상시에 장대높이뛰기보다 훨씬 나은 점수를 얻었다. 나는 이미 승리의 확신을 가졌다. 한스와 같은 장대를 들고 뛰었다. 다시 심판이 외쳤다.

"3미터 50!"

낙심! 우리는 다시 뛰어올랐고 둘 다 3미터 70을 받았다. 긴장이 고조되기 시작했다.

"장대가 너무 무거워." 메이어가 소리쳤다. 창백한 얼굴로, 그리고 나중에 알았지만, 그는 떨리는 손으로 새로운 좀 더 가벼운 장대를 우리 둘에게 각각 건네주었다.

내가 장대를 쥐고 균형을 잡으며 만족스러워하고 있는데, 한스가 갑자기 내 장대를 빼앗아 움켜쥐었다. 그는 메이어와 그의 일당을 내가 이해할 수 없는 무서운 눈초리로 흘겨보며, 곧바로 장대높이뛰기를 위해 달려 나갔다. 그는 안전하게 장대를 꽂고 위로 당겨 올려 멋진 자세로 도약했다. 그가 4미터 표시를 지나는 것을 보았을 때, 장대가 그의 도약 높이에서 쪼개졌다. 한스는 부러진 장대 위로 떨어졌다. 그리고 움직이지 않았다.

그 순간 번개처럼 순간적으로 모든 것을 알아차릴 수 있었다. 한스의 연설, 축구 경기 중에 그가 당한 일격, 학급 아이들의 속삭임, 무엇보다 마지막 장대높이뛰기 시합 전에 메이어를 향한 한스의 무서운 눈초리, 그리고 기억하는 한 한스에게 달려가 무릎을 꿇은 것은 유일하게 나 한 사람뿐이었다. 체육복을 찢어 피가 흐르는 그의 허벅지를 감싸매었다. 한스는 눈을 뜨고 나를 바라보았다. 추측한 대로] 적절하게 표현하자면, 친구로서 친구를 바라보는 눈빛이었다.

"분명히 말했는데, 그들이 나를 배신했어. 어쨌든 개네들이 누군지 알았어. 이제 끝이야." 그는 부드럽게 말했다.

내 뒤에서 누군가 낮고 조용한 목소리로 말했다.

"아마 시작이라고 하는 게 나을 거야." 그는 폴이었다. "메이어와 그의 일당들이 저지른 일이야. 너는 어쩔 수 없었어."

나는 울면서 주위에 위협적으로 일그러진 얼굴의 적들을 바라보았다. 한스는 손사래 치며 내 말을 일축했다.

"아니, 내가 돌아가는 상황을 제대로 주목하고 중단시켰어야 했어. 내가 막지 못한 거야. 난 언제나 혼자였어. 나를 지켜 줄 한 사람도 가지지 못한 거지." 그는 부드럽게 덧붙였다. "단 한 사람의 진실한 친구를."

"이제 가지게 되었잖아." 폴이 약간 쉰 목소리로 내 뒤에서 말했다.

한스가 손을 내밀었고 그 손을 잡았다. 우리는 더 이상 주위에 서 있는 다른 친구들을 신경쓰지 않았다. 아이들 사이에 이 말이 눈 깜짝할 사이에 퍼져 나갔다. 메이어와 일당들은 물러나서 선배들 무리 사이에 창백한 얼굴로 서 있었다. 한스는 몸을 당겨 나를 붙잡고 내 어깨에 기댔다. 그 순간 운동 경기는 중요하지 않았.

그때 큰소리가 울려 퍼졌다. 경기를 주관한 학생 대표였다.

"조용히 해 주세요. 경기는 끝났습니다. 오늘의 승자는 한스 브레이크와 헤럴드 본 브레머입니다. 그들을 축하하는 만세 삼창이 있겠습니다. 메이어와 오늘 발생한 불미스런 사태의 관련자들은 삼 년간 경기에서 제명될 것입니다."

이백 명의 학생들이 합창으로 외치는 만세 삼창이 천둥소리처럼 울려 퍼지는 가운데 한스와 나는 몇몇 선배들의 어깨에 들려 올려졌다. 나는 내 체육복으로 피 나는 다리를 묶은 한스의 옆에 나란히 섰다. 그때 폴을 보았다. 그는 우리들 아래 서 있었고, 눈물이 나는 것을 감추지 못해 힘들어 하고 있었다. 나 역시 다를 바 없었다.

소령이 이야기를 멈추자 깊은 침묵이 흘렀다. 마틴은 입술을 깨물었다. 크리스토프와 울리히는 허공을 응시하고 있었다.

"그래, 그게 바로 너희들의 아버지였다." 소령이 말했다.

"그렇게 해서 우리는 친구가 되었다. 우리 두 사람은 그날 평생 잊지 못할 무언가를 배웠다고 믿는다."

그는 깊은 생각을 하면서 말하더니 조용해졌다. 잠시 후에 크리스토프가 물었다.

"그 사건이 무엇을 의미하는 거죠, 헤럴드 삼촌? 삼촌은 적응하는 데 문제가 없었잖아요, 삼촌이 충돌을 일으킨 것도 아니구 한스가 손을 내밀었고 그 손을 잡았다. 우리는 더 이상 주위에 서 있는 다른 친구들을 신경쓰지 않았다. 아이들 사이에 이 말이 눈 깜짝할 사이에 퍼져나갔다. 메이어와 일당들은 물러나서 선배들 무리 사이에 창백한 얼굴로 서 있었다.

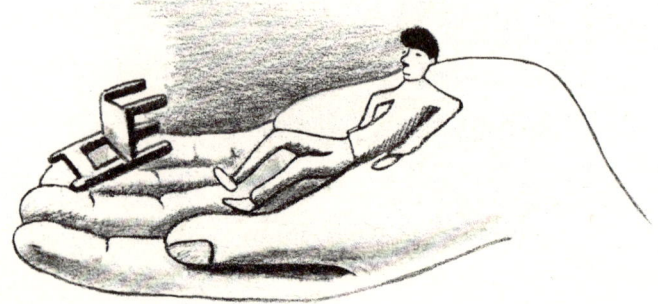

요. 사실 두 분은 비슷한 성품이지 않나요? 그런데 어떻게 그런 일이 생겼는지 이해할 수 없어요."

"네 말이 맞다." 소령은 대답했다.

우리는 비슷한 성품이었다. 그게 바로 문제였다. 우리는 각자 꿈속에서 살고 있었다. 세상에서 혼자라고 생각하며 존재하는 모든 것은 단지 우리를 위해 있는 것이라고 믿었다. 이런 환상이 서로에 대해 눈멀게 했다. 확실히, 우리는 서로에 대해 비난할 아무것도 없었다. 우리가 부모님으로부터 배운 명예와 예의에 대한 견해와 개념은 동일했다.

우리는 서로 어떤 매력을 느꼈고 존경했다는 것이 확실한 표현이다. 누구도 앞설 수 없었다. 누구 하나가 망설인다면 다른 사람을 따라야 한다고 생각했다. 그럴 듯하게 말하자면 이렇게 말할 수 있을 것이다. 순수한 권력 투쟁. 당시 누구도 그것을 의식하지 않았으나 우리에게 놓인 길을 감안하면 충돌은 불가피한 것이었다.

우리가 꿈에서 깨어났을 때, 이 세상에 어느 누구도 혼자가 아니며 사람은 다른 이들과 함께 나란히 어울려 지내야 한다는 것, 그리고 인간은 그렇게 살도록 만들어졌다는 것을 이해했다. 그를 위해 무언가를 포기해야만 한다. 개성을 희생하지 않고 굴복하는 것을 배워야 한다. 개성은 다른 사람과 살아가는 과정에

소령의 이야기

서 형성되는 것일 뿐이다.

청년들이 소령의 말에 진지하게 귀기울이는 바람에 소령은 더욱 자세하게 이야기하게 되었다.

"살아가면서." 소령은 몸을 돌리면서 말을 이었다.

너희들은 반복해서 사람들을 만나게 될 것이다. 그 사람들은 어떠한 저항이나 어떠한 모순, 어떠한 차이점을 억누르기 위해 힘을 사용하는 것은 자신을 드러내는 일이라고 믿는 사람들이다. 아마 너희도 그런 식으로 생각할 수 있다. 그들은 저항이나 적의를 발견하면 자신의 힘을 보여줄 기회라며 뿌듯해 하기조차 한다. '적이 많으면 명예도 많다'는 속담이 있듯이 멋진 말처럼 들리지만 유치한 표어에 불과하다. 인간관계에 눈을 뜨기에 아직 어리거나 현실적 경험이 부족하거나, 태생적으로 그런 가치관을 가진 사람이나 그런 식으로 말하는 것이다.

"만년 초년생!"

그들은 그저 자신들로 인해 남은 폐허로만 자신의 힘을 판단한다. 그들은 가능한 한 많은 도자기들을 깨뜨리는 것이 멋지다고 생각한다. 깨어진 조각들이 달그락거리는 소리에 어린아이같이 즐거워한다. 그들은 결코 물러서지 않고, 다른 누구에게 굴복하지 않고, 타협하지 않는 것을 강한 징표라고 여긴다.

우리가 어린아이로 있는 한, 우리의 작은 자아 속 영토 안에서 그런 꿈을 탐닉할 수밖에 없다. 우리의 순진함 탓에 다른 사람이 우리 꿈을 믿고 추종하는 자를 발견하면 즐거워하기까지 할 것이다. 그러나 어떤 추종인가? 병약자들, 아첨꾼들, 기껏해야 몽상가들이 아닌가? 그런 꿈들로 인해 우리가 살면서 죄를 짓는다는 것을 빨리 깨우칠수록 좋다. 그러나 아직도 이것을 알지 못하는 어른들은 함께 살아가는 사람들에게 재앙이 되며, 결국에는 자신에게도 마찬가지로 재앙이 된다.

문학적으로나 비유적으로 자신과 다르다는 바로 그 이유로 다른 사람의 뒷통수를 때리는 것은 성격과는 그다지 관계없다. 서로 이해한다는 것은 성격 이상을 요구되는 것이며, 서로 뒷통수를 다치지 않고 잘 지내는 것이 삶의 진정한 과제이다. 이것을 단순히 연약하거나 겁먹고 굴복하는 것으로 간주하는 사람이야말로 정말 순진한 사람이다. 정확히 말하면, 이런 사람이 진정 투쟁하고 겨루는 사람인 것이다. 오랜 시간 끈질기게 무한정한 노력으로 종종 한 발 앞으로 내딛기 위해서 말이다.

무엇이 요점인가? 다른 사람을 전쟁터의 시체로 뒤에 남겨둘 것이 아니라 내 뜻에 적이 따르도록 하기 위해 투쟁하거나, 아니면 다른 사람과 나 사이에 공통의 의지를 구체화하고 적을 친구로 만드는 것, 말하자면 바로 그것이 요점이다.

물론 양쪽 진영이 무언가를 포기하지 않고서는 결코 성취될 수 없다. 특히 다른 쪽의 존엄성에 대한 상호 존경이 없이 안 되는 것이다. 이곳이 바로 성품이 형성되고 증명되는 현장이다. 바로 파괴되지 않고 건설되는 곳, 꿈이나 환상의 세계가 아니라 확실히 인간 존재가 함께 살아가는 세계이며, 또한 힘과 권력이 각자의 역할 속에서 자신이 아닌 상호 이해를 위해 섬기고, 사람들 간에 더 큰 연합을 이루는 곳이다.

"용서해라, 너무 멀리 간 것 같구나. 난 청년들이 이런 교훈을 얻기에 쉽지 않다고 생각한다. 우리 독일인들은 자주 삶을 붙잡는 데 실패하지, 악의에서 나온 것이 아닌 꿈으로부터, 말씀에 대한 사랑으로부터, 사상과 감정으로부터 나온 실제 삶 말이다. 서로를 위한 길을 찾는다는 것은 다른 사람보다 나 자신을 위해서 더 어렵다. 우리는 각자 개인으로 남아 사소한 차이점으로 인해 피의 전쟁을 치르게 될 것이다. 아니면 우리 자신을 희생하고 의지에 굴복할 것이다. 이러한 양쪽 태도는 실제 있는 그대로의 삶을 침해하고 결국 재앙으로 끝맺게 된다. 삶은 우리에게 함께 살 것을 요구한다, 그것은 우리에게 어렵다. 열네 살 나이에 한스와 내가 배운 것이 그것이고, 그 후 결코 잊은 적이 없었다."

소령은 잠시 이야기를 중단하고 가장 어린 두 소년을 흘낏 바라보더니 테이블 위의 빵과 케이크 접시가 비어 있는 것을 알고

서로를 위한 길을 찾는다는 것은
다른 사람보다 나 자신을 위해서 더 어렵다.
우리는 각자 개인으로 남아
사소한 차이점으로 인해
피의 전쟁을 치르게 될 것이다.
아니면 우리 자신을 희생하고
의지에 굴복할 것이다.

말했다.

"미안하구나. 이런 얘기는 너희에게 흥미 없을 텐데."

이 말에 두 소년은 아니라고 반박했다. 정말 소령의 이야기가 흥미롭다고 하면서, 어쨌든 너무 어려서 어른의 대화를 이해하지 못할 거라고 생각하는 것이 문제라고 했다. 두 소년은 확실히 다른 사람들이 인식하는 것 이상 더 많이 이해하고 있다고 말했고, 어쨌든 그들이 학교 친구들과 나누는 운동 경기나 숙제 같은 대화만 듣는다면 무엇을 배우겠는가, 라는 말이었다.

게오르그와 마틴은 둘 다 확신을 가지고 동일하게 말했고, 소령은 반갑게 미소 지었다. 이번에는 프란쯔가 대화에 끼어들었다. 삼촌의 말로 하여금 상급 학년 시절, 나이 많은 역사 선생님을 생각나게 했다. 사랑과 존경을 한몸에 받은 그분은 매우 지적이었다. 아쉽게도 나머지 선생님들과 비교할 때 얘기지만. 어쨌든 정말 교양 있고 세련되고 과묵한 분이었고, 관대함, 이해심, 학생 개개인에 대한 관심을 가지고 있었다. 그분은 무슨 일이든 심각한 문제를 안고 있는 학생이라면 누구든지 공정하게 대하려고 애썼다. 다만 계속해서 진부한 주장을 늘어놓는 아이들에게는 종종 격분하기도 했다.

"그런데 그분에게 동의할 수 없는 것은…."

프란쯔가 그렇게 말하면서, 삼촌이 그 선생님과 근본적으로 동일한 내용을 말하려는 것인지 물었다. 어떤 것은 선생님을 떠올리게 하지만 그렇지 않은 것도 있다고 했다.

"그분이 거대한 역사적 사건에 대해 설명하는 모습을 잊을 수 없어요. 프랑스혁명, 종교개혁, 기독교의 시초 같은 것들 말이에요. 오늘까지도 이런 수업에 대한 기억은 허송세월일 수 있었던 제 학력을 살려주고 있어요. 선생님이 이러한 주제들 중 하나를 끝냈을 때, 매번 기록에 의해 유출할 수 있는 결론을 몇 차례 수업을 통해 보충해 주셨어요. 이런 수업은 역사 선생님이 마치 다른 사람처럼 보이게 했죠. 앞에서는 불같이 정열적으로 강의하는 반면에, 돌이켜보면 뭔가 우수를 느끼게 하셨거든요.

그분은 이러한 거대한 운동과 사상이 결국 인류에게 재앙을 가져왔다는 것을 역사가 보여주고 있다고 했어요. 프랑스혁명은 공포로 끝나고 유럽 사회에 대중의 지배가 시작하도록 했으며, 종교개혁은 영원한 서구의 일치를 파괴하고 물질주의에 무방비 상태로 넘어가게 했으며, 기독교는 국가와 개인의 내적인 삶을 산산이 부숴 버려 그로 인해 누구도 다시 내적 통일성을 발견할 수 없게 되었다고 했어요. 마지막 순간에 그분은, 재앙을 막기 위하여 세상과 새로운 사상 간에 통상의 타협이 이루어졌다고 했으며, 이러한 타협은 실제의 생각과 근본적인 원동력을 매장시켜 버렸다는 것이다.

뿐만 아니라 원래의 사상은 사회에 의해서 제대로 평가받지 못하고 이단과 염세적인 것으로 치부되어 방황하게 되었다는 거예요. 그분은 이것이 근본적으로 옳다고 생각했어요. 어떤 경우든 역사와 삶의 결과나 교훈은 명심해야 하는데, 사람은 오직 타협에 의해서만 살 수 있다고 설명했어요.

한번은 제가 소위 역사의 결말과 같은 타당한 이유를, 역사의 쇠퇴와 몰락이라고 부를 수 있다고 대답했어요. 그리고 그분에게 왜 그 정점에서 단단히 붙잡는 대신 역사의 부패 기미 한 가운데에서 코를 훌쩍거려야 하는지, 거기에서 역사의 결말과 교훈을 찾아야 하는지 물었어요."

"그래, 자넨 상당히 능숙한 변증가인 걸." 소령은 웃으며 불쑥 끼어들었다. "그러나 결국 개념적인 게임일 뿐이야."

"그게 바로 선생님이 하신 말씀이에요." 프란쯔는 계속 말을 이었다. "그분이 말하기를, 네가 어떤 단어를 사용하는가는 상관하지 않는다. 너는 삶의 현실 앞에서 신실하고 정직해야만 한다고 했고, 너 자신을 속여서는 안 된다고 하셨어요. 이렇게 하기 위해서 이른바 최고점에 대한 명확한 그림이 있어야 한다고 하셨어요. 뒤돌아보면 그들이 아주 멋있게 보이지만, 너무나 소심해서 사실을 마음으로 받아들이지 못하는 역사학자들의 거대한 거짓이라는 것이지요. 그렇게 위대한 시대에 살아야 했던 99

퍼센트의 사람들은 자신이 고통과 비참함의 역사가 되어 있다는 것을 발견했다고 하셨습니다. 선생님은 그것을 행운이라고 불렀는데, 그런 '위대한 시대'라고 할 만큼 불운한 세대는 수 백 년에 걸쳐 겨우 한 번 생기는 것이기 때문이라고 했지요."

"우리가 가진 권리는?" 그분이 열정적으로 물었어요. "역사를 오직 성공한 소수의 관점에서 보는 것, 그것에 의해 수 백만 명의 피와 눈물이 잊혀지는 것, 그것인가? 프란쯔, 네게 말하겠는데." 계속해서 말했어요. "역사를 이런 식으로 쓰는 것은 야만 행위다. 이천 년 전, 동양의 전제 군주라면 그럴 수 있다. 하지만 기독교의 이천 년 역사 후에 그것은 도덕적으로 추문이 되는 거다. 그것은 반복해서 야만 행위를 생산하는 그런 역사 기술이 되는 것이다. 조직적으로 사람들을 야만과 밑바닥 삶으로 만들기 때문이다." 그렇게 결론을 맺었어요.

저는 매우 감명을 받았고 답변할 수 없었어요.

"소위 위대한 시대의 도덕성은," 선생님은 계속했어요. "인간의 삶과 행복은 아무런 가치가 없다고 한다. 인간의 피는 어떤 사상이나 다른 우상들에 대해 제단을 거룩하게 하기 위해 흘려져야 하는 것이다. 오해하지 마라." 그는 엄숙하게 경고했어요.

"내가 역사 속 거대한 사상이나 위인을 비판하려는 게 아니다. 둘 다 우리가 파악할 수 없는 목적에 따라 수시로 인간 역사에 개입하는 반신적 존재와 인물들이다. 그들은 둘 다 동시에, 경이롭고 끔찍하고 탁월하고 파괴적이다. 역사의 거대한 사상들이 굶주린 백성들로부터 시작된다고 주장하고, 위대한 사람들을 대중의 산물이라고 주장하는 사람들은 아직 어린아이 같으며, 그들의 끔찍하고 초인적 힘Gewalt을 모르는 것이다. 그들과 다투는 것은 교만하기도 하고 어리석기도 한 것이다. 아니, 나는 하나님의 아들들과 인간의 딸들 간에 금지된 관계로 말미암아 태어난 이 불가사의한 힘[22]에게 성경의 지혜를 따라 고개를 숙인다. 사람들에게 알려진 거인족은 살아있고 때때로 이 땅에 보이기도 한다. 그러나 우리는 그들 앞에 난쟁이이다. 그렇다, 난쟁이다! 그것을 기억해라! 그것이 바로 우리가 거인인 양 행동하지 말아야 하는 정확한 이유이다.

그리고 같은 이유로 나는 '위대한 시대'에 대해 말하는 것을 참지 않을 것이다. 그들은 신화 속 반신들의 영역이다. 그러나 우리 중 나머지 누군가에게 그들은 끔찍한 존재다. 사실, 거인들조차 예수, 루터, 크롬웰, 로베스피에르, 나폴레온 같은 이들에 의해 파괴된다. 그들 중 누구도 실제로 인간의 행복에 대해

---

22) 창세기 6:4

역사의 거대한 사상들이
굶주린 백성들로부터 시작된다고 주장하고,
위대한 사람들을 대중의 산물이라고 주장하는 사람들은
아직 어린아이 같으며, 그들의
끔찍하고 초인적 힘을 모르는 것이다.

걱정하지 않는다. 그것을 말했을지라도. 삶의 마지막 순간에는 그들 모두 예수처럼 울부짖었다. "나의 하나님, 나의 하나님, 왜 나를 버리시나이까?"[23]

소령은 주의 깊게 프란쯔의 말을 듣고 있었다. 프란쯔는 점점 열정적이 되어 갔으나 순간 작은 목소리로 짧게 말을 막았다.

"아주 현명한 사람이구나, 선생님이. 그러나 마지막 부분이 잘못된 것 같구나. 그 명단에서 예수님을 뺐어야 했다. 그랬다면 전체 그림이 달라졌을 거다."

프란쯔는 놀란 듯 소령을 이해할 수 없다는 표정으로 바라보았다. 그러나 다시 이야기를 이어갔고, 사실상 어떤 질문을 의도한 것뿐이었다.

"제가 다른 답을 찾을 수 없었을 때, 선생님께 사람들이 행복하기 위한 목적으로 창조되었는지 물었어요. 그분은 표현할 수 없는 친절함과 슬픈 표정으로 살짝 미소 지으면서, 어린아이처럼 진짜 모르겠다고 했어요. 심지어 누가 그랬는지 모르겠다고 하면서, 이십 년 후 다시 그에 대해 이야기하자고 했어요. 그때는 우리 둘 다 더 많이 알 테니까요. 그래요, 그가 죽은 후에는 지금보다 더 많이 알게 되겠죠."

---

23) 마가복음 15:34 (시편 22:1)

마지막 말을 할 때 프란쯔의 표정에는 나이를 초월한 지혜가 엿보였다.

"이제 헤럴드 삼촌, 묻고 싶은 것이 있어요. 삼촌이 함께 더불어 지내는 것에 대해 말했을 때 사람들이 오직 타협에 의해서만 살 수 있다는 의미인가요? 그건 끔찍한 일 같아요." 그는 어린 아이처럼 덧붙였다.

"그 질문은 차 한 잔을 마시면서 논하기에는 좀 심오한 질문 같구나, 프란쯔." 삼촌이 말했다. "네! 선생님이 여러 면에서 옳다고 생각한다. 특히 '위대한 시대'와 역사 기술에 대해 말한 것은, 성공한 사람들의 역사는 다소 완벽하게 기술되었다고 하는 것은 사실이다. 거기에는 덧붙일 것이 없다. 이제 훨씬 더 어려운 작업이겠지만 성공하지 못한 역사, '성공'이란 이름으로 불려진 자들의 희생양이 된 자들의 역사를 써야 할 때가 된 것 같다. 네, 선생님의 말을 빌리면, 거인과 반신이 아닌 인간 존재의 역사를 쓸 시간이 된 것이지. 나는 무한히 끊임없이 일어나는 대중 폭동의 역사, 폭발을 향해 모이고 구축되는 그러한 역사를 의미하는 것이 아니다. 그들 역시 초인간이고 비록 지하세계이긴 하지만 성공을 이룬 역사의 주인공들과 신비스런 방법으로 연결되어 있는 신비한 힘이다. 아니, 내가 의미하는 것은 이러한 힘들 사이에서 휩쓸리는 인간 존재의 역사, 일과 가정 사이에서 그들의 삶을 추구하는 인간 존재의 역사, 그들의 고통과 행복의 역사를 의미하는 것이다.

나는 한스와 나에 대해 이야기했다. 둘 다 우리가 반신이라고 생각했다. 누군가에게 의존하고, 서로 관계하며, 서로 나란히 협력하며 살아가야 하는 인간 존재라는 사실을 깨닫기 전까지, 아니면 적어도 그것을 느끼기 전까지 말이다. 그것은 행운이었다. 우리는 친구가 되었다. 반신은 친구가 없고 단지 그들이 사용하거나 기분에 따라 버리는 도구가 있을 뿐이다. 나는 친한 친구가 없는 사람을 믿지 못한다. 그들은 반신이거나 아니면 좋지 않은 친구일 거라고 생각한다. 나에게, 개인과 사람들에 대한 주요 주제는 그들이 다른 인간 존재와 사람들과 함께 살아가는 것을 배웠는가 여부이다. 나에게는 그들의 사상, 생각, 확신보다 더 중요하다.

역사 선생님은 이것을 의미했을 거다. 그러나 나는 역사와 삶에서 배우는 것이 타협의 필요성이라는 것에 동의하지 않는다. 그런 식으로 말하는 사람들은 아직 사상에만 초점을 맞추고 있는 것이고, 지속적으로 삶에 순수한 형태로 남아있는 어떤 사상도 발견하기를 포기하는 것이다. 그러면서 그것을 '타협'이라고 부르고 세상의 불완전과 악함의 징표로 보려고 한다.

나는 오직 다른 사람과 함께 살아가는 사람과, 과제에 집중하며 바로 그 과제의 성취를 인간의 삶과 역사의 실현으로 본다. 너의 선생님을 불운하다고 판단하는 것은, 내 견해로 인간 존재는 행운과 행복을 추구할 뿐이지. 인간은 살기 위해 사상, 규율, 교리, 도덕을 필요로 하지 않는다. 오히려 다른 사람들과 함께 제한된 범위에서 서로 공급하며 살아갈 수 있다. 엄밀하게 그렇게 하려면, 서로 실제 과제를 정해야 한다. 이런 삶만이 결실을 이루고 인간적이다.

너희는 학급에서도 마찬가지지만 그 시합 이후 한스와 내게 일어난 변화는 믿기 어려울 것이다. 수 주 동안 우리는 매일 붙어다녔다. 그제서야 서로를 알게 되고 세상을 다르게 보기 시작했다. 그때 비로소 겨우 진정한 인간 존재가 되었다고 말할 수 있었고, 서로 감사하게 되었다.

학급에도 새로운 생명이 시작되었다. 한스의 개성이 학급에 펼쳐 놓은 마법이, 내가 여기에 도착했을 때 더 강해졌지만 깨어졌다. 학급의 재능과 개성들이 발전하게 되었고, 전에는 맹목적인 충성이었다면 이제 강하고 건강한 동지애로 성장하기 시작했다. 메이어는 학교로부터 퇴학당해야 했지만 한스의 중재로 집행유예가 되었고, 다시 친구를 사귀고자 노력했다. 바닥부터 다시 시작해야 했음에도 불구하고 훗날 다른 불유쾌한 이유로 퇴학당했지만 말이다.

한스는 졸업할 때까지 학급의 리더로 남았다. 이제는 동기대표 first among equals였지만, 그는 어떤 사항에 대해 반드시 나와 논의하고 결정했다. 그것이 한스와 나 사이에 타협이 된 것인가? 나는 그렇게 부르지는 않겠다. 그것은 폄하하는 것이기 때문이다. 결정적인 것은 우리가 잃은 것, 즉 반신으로서 이 세상을 홀로 살아가려는 주장이 아니라 우리가 얻은 것, 다른 인간 존재와 함께 공동체 안에서 인간적 삶을 누리는 것이었다.

나는 국가 안에서 유효하다고 믿었으며, 마찬가지로 모든 역사적 운동에도 적용된다고 믿는다. 그것을 역사 선생님과는 다소 다른 시각으로 살펴보겠다.

자연과 마찬가지로, 역사 또한 그 적정한 수준은 필요한 목적에 따라 특별한 힘이 발휘되도록 개발한다. 우리 주변에 나무에 활짝 핀 꽃들을 통해 수 천 개의 밤나무를 약속하는 것을 보라. 그들 중 얼마나 많은 새로운 밤나무가 자라서 목적을 달성하겠는가? 하나도 제대로 되기는 어려울 것이다. 자연은 번식을 확신하며 풍요를 이룬다. 유사하게, 우리는 강력한 역사의 운동, 거대한 갈등, 혁명, 개혁, 그리고 전쟁들의 최종 결과를 낭비된 노력에 비해 매우 불균형적인 것으로 본다. 역사도 역시 인류를 보존하기 위한 것이라는 관점에서 볼 때 과소비적이다. 그것은 사람들에게 필요한 통찰을 주기 위해 가장 신비로운 노력으로 확장된다. 외견상 무의미하고 열매 없는 희생과 바로 그 적절한 결과 간에 헤아릴 수 없는 불균형을 보고 탄식할지라도 우리는 최소한의 결과조차 중요성을 과소평가해서는 안 된다. 그것은 불균형한 비교이다.

역사와 자연, 둘은 서로 다르다. 어느 것도 함부로 말할 대상이 아니다. 전부 아니면 전무. 둘 다 거대한 희생과 박탈을 감수하고서라도 보존의 법칙, 지속, 삶의 성취의 법칙을 지킨다. 역사로부터 배울 것이 있다면, 타협이 아니라 실제 있는 그대로의 삶에 대한 사랑이라고 할 것이다."

소령은 깊은 숨을 내쉬고 등나무 의자에 기대어 잘생긴 청년들 너머 꽃이 핀 밤나무를 바라보았다.

"헤럴드, 헤럴드." 브레머 여사가 소리 높여 말했다.

"나이 든 사람들의 지혜가 청년들에게는 안 통하는 거예요. 그들은 뭔가 다른 것을 원한다구요."

"여보, 그럴지도 모르겠소." 소령은 조용히 대답했다.

"그렇다고 그들에게 해가 될 게 있나? 나이 든 사람이나 젊은 사람이나 함께 어울려 살아야 하는 거 아닐까? 나이 든 사람들이 청년들이 말하는 것을 흉내내고 청년들이 원하는 것만 말한다면, 그처럼 괴팍하고 혐오스런 것이 또 있을까? 그들은 자신들의 시선만이 아니라 청년들 시선도 역시 한심하게 되는 거요.

그들은 삶의 질서를 위배하는 거지.[24] 예를 들어 누가 크리스토프를 용납하지 않겠어." 그는 웃으며 덧붙였다.

"누가 내 말에 불만스러워하는지 어떻게 알 수 있겠어. 내 생각을 그대로 말하는 것처럼, 크리스토프 역시 자신이 생각하는 것을 정직하게 내게 말하지 않는다면 말이야. 사실 네 의견을 듣고 싶어? 내 생각에 오늘 남은 시간을 위한 계획을 생각하기 전에 어느 정도 시간이 있다고 보는데. 어때, 용기를 내 봐, 크리스토프!"

---

24) 카를 야스퍼스(Karl Jaspers), 『Die Geistigs Situation der Zeit』

크리스토프가 소령과 논쟁하다

크리스토프에게는 삼촌의 견해에 대해 표현하는 데 격려가 필요하지 않았다. 다소 세련미가 떨어지고 예의를 갖추는 데 부족한 것은 가정 환경 탓이기도 했지만, 그는 이미 여러 차례 삼촌의 말에 끼어들었다.

이제 그는 참고 있던 반대 의견들을 전력으로 분출하기 시작했다. 크리스토프는 소령의 마지막 말을 논쟁의 빌미로 삼았다. 그의 비상한 언어적 기교, 명료하고 단순하고 솔직하게 삼촌에 대한 반대 입장을 드러냈다. 단짝인 울리히가 무한한 감탄을 하며, 이면에 자신의 한계를 느끼며 친구를 바라보았던 그런 상황들 중에 하나였다.

"헤럴드 삼촌, 하나하나 말씀을 들으면서." 크리스토프는 시작했다. "발 밑에 땅이 꺼져 버리는 것 같은, 물 위를 걷는 것 같은[25] 느낌이었어요. 삼촌은 역사와 삶의 궁극적 교훈은 함께 살아가며 어울리는 실제 삶에 대한 사랑이라고 하셨어요. 그러나 다른 사람들과 함께 지내거나 함께 어울려 살아가는 것을 불가능하게 하는 어떤 힘이 이미 작동하고 있다고 가정한다면, 그것은 누가 불가능하게 하는 걸까요? 누군가 우리에게 '합의'란 존재하지 않으며 오직 승리나 패배만이 존재할 뿐이라고 투쟁을 선포한다면 어떨까요? 여태껏 잠들고 있던 야수처럼 우리에게 대항해 일어나는 힘Macht이 있다면, 그래서 우리의 삶을 중요하고 가치 있는 것으로 만들었던 모든 것을 파괴하려 한다면 어떨까요? 실제로 그 힘 안에서 볼 수 있는 모든 것이 생명질서Lebensordnungen의 파괴뿐이라면요? 악의 화신으로 그것을 인정해야 한다면 어떨까요? 그렇다면 더 이상 반드시 잘 지내야 하는 이유가 될 수 없습니다.

그것은 바로 삶의 의미에 문제가 되는 거죠. 궁극적 확신, 가

---

[25] 제자도(Discipleship)는 사람에게 이런 것을 요구할지도 모른다. 본회퍼는 마태복음 14:29을 언급하며 '요구되는 유일한 것은 세상의 어떤 안전함보다 더 안전한 지대로서 오직 예수 그리스도의 말씀에 의지하는 것뿐이다'라고 했다.

치, 표준 같은 것이겠죠. 그렇게 되면 모든 문제는 삼촌이 그렇게 격렬하게 거부하는 '전부 아니면 전무'가 되지요. 결정을 회피하는 사람들은 자신, 과거, 직업, 사랑하는 존재들을 배신하게 되죠. 저는 우리가 깨어나야 하는 것과 지나치게 안이한 평화와는 거리가 있다고 믿습니다.[26] 사람들은 확고한 표준을 건네 주려 하며, 그것으로 살고 그것을 위해 싸울 용기가 있는 그런 용감한 누군가를 갈망합니다. 우리는-전면에서 이 국면을 이끌어 나가는 사람이 되어야 합니다. 우리가 지켜야 할 것과 원하는 것을 압니다. 또한 대부분의 사람들이 겁쟁이이고 움직임이 느리기 때문에 거기에는 반드시 주인과 종이 있어야 합니다- 아니, 차라리 저는 '노예'라고 말하고자 합니다."

"크리스토프." 프란쯔가 몹시 분노한 채 소리쳤다. "네 말은 한마디로 끔찍해! 봐, 너는 네 주장으로 그저 흥분하고 있잖아."

"내 말을 끝내게 해 줘, 프란쯔." 크리스토프가 격렬하게 대답했다.

"네가 다르게 생각하는 것을 알아. 난 천부적으로 노예로 태어나는 사람이 있다고 하는 아리스토텔레스의 가르침에 동의

---

26) 예레미야 6:14, 8:11 "그들이 내 백성의 상처를 가볍게 여기면서 말하기를 평강하다 평강하다 하나 평강이 없도다."

네가 다르게 생각하는 것을 알아.
난 천부적으로 노예로 태어나는
사람이 있다고 하는
아리스토텔레스의 가르침에 동의해.
인간은 '그가 감옥에서 태어날지라도'
자유롭게 태어났다고 하는
쉴러Schiller의 혁명적 슬로건에는
동의하지 않아.

해. 인간은 '그가 감옥에서 태어날지라도' 자유롭게 태어났다고 하는 쉴러Schiller의 혁명적 슬로건에는 동의하지 않아. 소수의 주인Herren을 위해, 자유인을 위해, 엘리트를 위해, 지도자를 위해, 그들을 위해 삶의 사랑과 행복이 궁극적 기준이 되어야만 하는 것은 아니야. 불행한 인간이 행복한 애완동물보다 낫다. 나는 얼마 전에 돈키호테와 산초판자의 이야기를 읽었어."

"오, 아니야!" 소령은 반은 웃으며 반은 진지한 표정으로 얼굴을 손으로 가리고 소리쳤다. "하지만 계속해라, 크리스토프. 계속해!"

크리스토프는 얼굴을 붉혔지만 곧 평상심을 되찾고 말을 맺었다.

"저는 우리 가운데 무수히 많은 산초 판자 같은 자들의 손에 철학적이고 도덕적인 무기를 놓아서는 안 된다고 말하고 싶었던 겁니다."

"오, 아니다, 아니야." 소령은 다시 외쳤다. "이제 내 생각이 지나치게 도전받은 것 같다. 돈키호테가 나를 말 등에서 떨어뜨렸구나. 나는 산초 판자 중 하나이다. 에피쿠루스의 무리 중에 있는 돼지이고, 중요한 실리주의자이고 저속한 사람이다. 크리스토프, 크리스토프, 어떻게 하면 좋을까? 화내지 말거라, 부탁한다! 네가 옳다. 애야, 여러 면에서 네가 옳다. 하지만."

그리고 소령은 머리를 흔들더니 아주 진지한 표정으로 바뀌었다.

"너희는 참 유별난 세대구나! 너희 나이 때에 우리를 고취시켰던 것은 인간의 자유와 형제애였단다. 너희들의 현명한 친구들은 그것들을 유치한 환상으로 쓰레기 취급을 해 버렸지만! 사건들이 그림자를 미리 날려 버린다. 가혹한 겨울에 앞서, 야생의 동물들은 털을 두텁게 하고, 비버는 지방층을 두텁게 해서 준비한다. 어떤 시간, 어떤 과제가 그렇게 어린 나이에 살아남으려고 그토록 가혹하게 생각하는 세대들을 위해 앞서 준비되어야 할까? 그것은 너희를 전율하게 하기에 충분하다. 그러나 크리스토프, 사랑하는 크리스토프야. 만일 네가 거칠어져야 한다면 거칠다는 것을 미화하지 마라! 네가 군림하기 위해 가혹해져야 한다면 언제나 필요한 때에 하고, 부드러워질 수 있어야 한다는 것을 잊지 마라! 네가 그것을 얻기 위해 생명을 경멸해야 한다면 그때에는 그것을 얻었을 때 사랑하는 것을 잊지 마라. 그러나 무엇보다 행복을 마치 소모품같이, 그리고 불행과 장난치듯 하는 그런 것으로 가볍게 말하는 것을 경계해라!

그것은 자연에 거슬리고, 삶에 거슬리고, 창조된 인간 본성에 거슬리는 것이다. 우리는 하나님 은혜의 증거이며 행복을 갈망하는 불쌍한 죄인으로 우리의 존재를 꾸려 나가야 하기 때문이다. 네가 생각하는 것처럼 불행해지는 것이 쉬운 것이 아니고, 진정으로 불행한 사람은 행복한 사람을 경멸하거나 비웃지 않는다. 용서해라, 크리스토프. 불행한 인간과 행복한 애완동물에 대해 거칠고 천박한 대화를 하는데 익숙해지지 말거라. 다른 사람들을 행복하게 하기 위해서가 아니라면 네가 어떤 목적으로 책임을 지는지, 왜 네가 이끌기를 원하는지, 왜 네가 불행을 감당하기 위한 준비를 하길 원하는지 스스로에게 물어봐라.

불행은 저절로 온다, 좀 낫게 말한다면 하나님으로부터 온다. 우리는 그것을 따를 필요는 없다! 불행해지는 것은 운명의 소관이지만 불행해지길 원하는 것은 신성모독이며 영혼의 심각한 질병이다. 그들은 변화를 위해 불행을 갈망한다. 나는 지쳐 있는 것 이상 생각할 수 없다. 나는 잘못 사용된 '중산층 이상'이라는 단어를 좋아하지 않는다. 네가 사용한다면, 불행을 대수롭지 않게 여기는 것 이상이다. 그것은 권태의 산물이고 심각한 배은망덕의 소산이다.

크리스토프, 우리 시대와 우리의 과제에 대해 네가 말한 많은 것들이 진실이다. 그러나 우리는 또한 불만스러운 상황을 참아내지 않을 정도로 강하고 정직해져야 한다. 그렇지 않으면 너는 세상을 향해 방향을 바꾸게 될 것이고, 그것을 참지 않게 될 것이다."

소령은 안락의자에 깊숙이 파묻혔다. 그의 마음속에 완전히 자리잡고 있는 몇몇 형상, 몇몇 가슴 아픈 회한이 드러나는 듯했다.

"너는 정말 위험한 몇 가지를 말했단다, 크리스토프." 그는 부드럽게 말했다. "독일인을 위해 필요한 것일 게다. 그러나 불장난이다. 너를 오해하는 사람은 누구든지 네게 말할 수 없는 해를 끼칠 수 있다."

이런 말은 소령의 가족만이 그가 무슨 생각을 하는지 알 수 있을 것이다. 젊은 손님들은 그저 무언가 이 가정에 의미 있고 중요한 무슨 일인가 있었구나 정도를 느낄 뿐이었다.

그가 말할 때 크리스토프는 르네에게 일어난 변화를 의식하지 못했다. 이제 그의 눈은 그녀를 바라보지 않을 수 없었다. 그의 앞에서 그녀가 낯설고 무서운 물체 앞에 있는 것처럼 마냥 눈을 내리깔았을 때 마음은 산산조각나는 것 같았다. 그녀는 무언가에 눌린 듯 앉아 있었고, 몹시 창백한 얼굴이 뜨거운 여름인 지금이 차갑게 느껴졌다. 그가 말한 것을 충분히 깨달았지만, 그녀와 그 사이에 깊은 틈을 만들었다. 르네는 그로부터 도움을 기대했으나 오히려 더 깊은 무력감 속으로 빠뜨렸다. 하지만 그로서는 최선을 다한 말이었다. 그가 독일인을 어떻게 보는지, 그의 세대가 맡은 책임이 무엇인지를 말하고 싶었다.

르네는 그 말들 중에 그녀를 고통스럽게 한, 정말로 공포로 몰아넣은 다른 독일인의 목소리를 들었다. 그녀로 하여금 이곳을 결코 고향처럼 느낄 수 없도록 만드는 것 같았다.

그녀가 그의 말을 제대로 이해한 것인가? 타고 난 주인과 타고 난 노예에 대한 그의 말이 조금이라도 크리스토프가 발견한 그야말로 르네가 가증스러워 했던 젊은 숲속 관리자 보조의 모습과 연관이 있는 것인가? 르네는 모든 권력과 권위의 이 잔인한 풍자와 진정한 주권을 혼동한 것인가? 크리스토프의 참 의미가 그렇게 쉽게 오해를 일으킬 수 있는가? 아니면 그런 풍자만화가 소인배들이 자신들에게 위대한 사상을 적용했을 때 일어나는 불가피한 결말일 수도 있는가? 그러나 왜 소령도 르네와 마찬가지로 그렇게 유별나게 진지해졌을까?

크리스토프는 르네의 요구를 충족시켜줄 수 없었다는 것을 느꼈다. 그것이 그를 괴롭혔다. 르네의 눈을 마주치려는 시도는 다시 실패로 끝났다.

종들

브레머 여사는 젊은 손님들이 근본적으로 이해할 수 없고 수수께끼 같은 것들로 인해 실망하고 불편하게 되는 것을 원치 않았다. 그녀는 자리에서 일어나더니 온화하고 엄마 같은 목소리로 다음에 계속 대화하자고 제안했다. 이제 내일, 이후 며칠의 일정을 짜기로 했다. 그리고 다 함께 기차역으로 가야 한다. 만일 오늘이 주일이 아니라면, 역까지 마차로 배웅해서 기차를 탈 수 있었을 것이다. 그러나 안타깝게 그럴 수 없다. 그녀는 말을 하면서 옆자리에 앉아 있던 르네의 팔을 감싸안았다.

소령은 마치 잠에서 깬 사람처럼 펄쩍 뛰어오르며, 잠시 젊은 친구들이 서재로 같이 동행하면 좋겠다고 했다. 게오르그와 마틴은 벌써 마굿간 쪽으로 향했다. 그곳에는 한 주간 노동한 동물들이 휴식을 취하고 있었다. 브레머 여사가 두 소녀와 팔짱을 끼고 공원 쪽으로 걸어가는 동안, 소령은 네 명의 젊은 친구들과 함께 성으로 가는 계단을 밟고 있었다. 이웃 마을의 오래된 교회 종들이 저녁 시간을 알리고 있었다.

"아름답지. 그렇지 않니, 얘들아?" 브레머 여사는 깊은 숨을 들이키며 말했다. "아프리카에 있을 때 가끔 저 소리가 그리웠단다. 들어봐라, 셋 중에서 저 헤아릴 수 없이 깊고 짙은 음색인 가장 오래된 '자비'의 종소리를 들어봐라, 또 맑고 간결한 '정의'의 종소리, 그리고 두 소리 위에 있는 부드럽고 맑은 종을 '평화'라고 부른단다.

이십오 년 전에 처음 이 저택에 도착했을 때, 나이 든 목사님이 이 종들에 대한 이야기를 들려주었단다. 종교개혁 시대에 소령의 아버지 몇 대 위인 브레머 경이 첫 번째 종을 만드셔서 교회에 기증하셨단다. 그 이름을 '자비Misericordia'라고 이름 지었지. 그 이름에는 가난한 자와 두려움에 갇힌 자에게 하나님의 자비의 복음이 날마다 선포되기를 바라는 마음이 있었단다.

그 후, 삼십여 년 동안 오직 이 종만 있었단다. 그러나 사람들이 경솔하게도 자비의 복음을 잘못 이해하고 남용하는 것이 명

브레머 여사는 잠시 멈추고 저녁이 되어 불어오는 갑작스런 바람에
공원 저편에서 들려오는 세 개의 종소리를 음미했다.
거대한 나무들 위로 빛이 내려앉았고, 몇몇 나무는
종보다 더 오래된 고목으로 보였다.

백해졌을 때, 하나님의 자비를 믿는다고 보여지지만 더 많이 죄를 짓게 되는 것을 보고 '자비'의 기증자는 유언에 아들이 보다 엄격한 맑고 간결한 음색을 가진 두 번째 종을 만들도록 규정을 넣었다. 그것을 '정의Justitia'라고 부르게 되었지. 또한 목사님이 주중 예배에 기존의 관례보다 십계명을 더 자주 설교하시고 주일에는 오직 하나님의 자비와 은총만을 말씀하시도록 규정을

만들었단다. 아버지같이 경건한 사람이었던 아들은 마지막 유언을 완수했고 '정의'는 주중에만, '자비'는 주일에만 종이 울리도록 지침을 유언으로 남겼다.

교회사에는 어느 정도 성도들 간에 발전적인 모습이 있었던 것으로 나타나지만 오래 유지되지는 않았다. 그래서 '삼십년전쟁'과 함께 하나님의 심판이 그 사회에 임했다. 몇 차례 전쟁과 심각한 전염병으로 마을은 빈곤해지고 인구는 급격히 감소했다. 하나님과의 평화에 대한 갈망이 사람들 사이에 커져 갔다. 웨스트팔리아조약, 또 다른 조상이 새로운 종을 만들기 시작했고 부드럽고 가벼운 음색의 종을 만들었는데 '평화Pax'라고 불렀다. 교회사는 이 종이 어떻게 언제 울렸는지 기술하고 있다. 전체 교인들이 기쁨과 비통함을 큰소리로 외쳤을 때 처음 울렸단다."

브레머 여사는 잠시 멈추고, 저녁이 되어 불어오는 갑작스런 바람에 공원 저편에서 들려오는 세 개의 종소리를 음미했다. 거대한 나무들 위로 빛이 내려앉았고, 몇몇 나무는 종보다 더 오래된 고목으로 보였다.

"여기 사람들은 주일 저녁 종소리를 '위대한 저녁의 축복'이라고 하지." 브레머 여사는 말을 이었다. "주중에 '정의'만 울릴 때는 '작은 저녁 축복'이라고 하지. 자비, 정의, 평화. 이들은 나라를 위한 위대한 축복이지. 이리 와라, 소나무 언덕으로 올라가자."

"그래요, 엄마." 르네가 대답했다.

그들은 아무 말 없이 공원을 통과해 걸었다. 그 끝에는 커다란 소나무 숲속으로 소방도로가 시작되었다. 소방도로를 따라 계속 가게 되면, 성의 부지인 고요한 숲속 초지대가 나타났다.

저녁 햇살 속에 가만히 노니는 사슴 두 마리가 보였다. 한참 동안 꼼짝하지 않고 다가오는 방문객들을 쳐다보더니 서서히 숲속의 키가 자란 수풀 속으로 사라졌다. 소나무들은 벌써 초지에 긴 그림자를 드리우고 오른쪽으로 길게 석양이 밝게 비치고 있었다. 풀로 뒤덮인 골짜기는 길게 경사져 있었다. 조금 내려가서는 뒤편 멀리 숲속 너머로 석양이 보이는 언덕이 있었다. 빽빽하게 자란 오래된 소나무들, 자작나무들, 그리고 진달래 덤불로 덮인 작은 언덕을 가족들은 '소나무 언덕'이라고 불렀다.

언덕 중턱에는 숲속 초지의 경관이 한눈에 보였고 나무십자가가 서 있었다. 그 앞으로 양쪽에 거칠게 다듬은 자작나무 의자가 있었다. 무덤이 있었던 흔적은 없었고, 사방으로 퍼져 있는 야생화가 의자들 주위에도 피어 있었다.

십자가 비문에는 '헤럴드 본 브레머'라고 적혀 있었고 그 이름 밑에 글귀가 있었다. '의로운 자의 영혼이 하나님의 손에 있고 그에게 평안이 영원할 것이라.'

"큰아들, 일 년 전에 죽은 내 아들이 여기에 묻혀 있단다."

브레머 여사는 클라라를 끌어당겨 옆자리에 앉히며 그녀에게 조용히 말했다. 르네가 그들을 마주 앉았다.

"그애는 마지막 안식처가 이곳이기를 원했단다."

클라라는 아무 말도 하지 않았다. 그녀는 십자가를 바라보고 고개를 숙여 초지를 내려다 보았다. 멀리서 '위대한 저녁 축복'의 종소리가 전해져 왔다.

 소령은 서재에 있었다. 거기에는 사냥 장비들과 몇몇 오래된 그림들을 제외하고, 볼 수 있는 것이라곤 바닥에서 천장까지 빼곡이 늘어서 있는 책뿐이었다. 그는 금속 장식이 있는 오래된 서랍장에 기대어 섰다. 그들이 함께 있던 테이블을 벗어난 후 그는 한마디도 하지 않았다.

 젊은 친구들은 열려진 창문 쪽에 서 있었고 언덕 위에 올라간 여자들과 함께 같은 종소리를 들었다.

 설명 여부와 상관없이 종들은 자신들의 이름을 불러댔다. 그들의 메시지를 전달한 것이다. 자비, 정의, 평화, 귀가 있는 자들은 누구나 종의 이름을 알 수 있었을 것이다.

 소령은 바로 섰다. 하드커버로 된 작은 책을 손에 쥐고는 프란쯔와 크리스토프, 울리히에게 오가며 말했다. 요하네스는 조금 멀찌감치 서 있었다.

 "너희들에게 이걸 보여주고 싶었다."

 소령은 목소리에 감정을 실어 말했다.

 "짧은 시간에 오늘 서로를 알고 인생에서 가장 중요한 것들에 대해 질문을 나눴다. 그것은 우리 가족의 삶에 있어서 중요한 것이었다. 너희도 느꼈을 테지만. 너희는 절친한 친구의 아이들이고, 너희들을 믿을 수 있기 때문에 이 글을 주어도 좋다고 생각하게 되었다. 너희들이 함께 읽어도 좋다. 내일 우리가 가면 그때 돌려주도록 해라. 이것은 큰아들 헤럴드의 일기다. 일기는 아들이 죽기 전날까지 계속되고 있단다. 그의 죽음은 권력의 남용이 불러온 것이었다. 그에게 매우 힘든 것이었다. 덧붙이자면, 아내와 요하네스가 나머지 가족을 많이 도왔다."

소령은 말할 수 없이 사랑스런 눈빛으로 아들을 바라보며 말했다.

"얘들아." 그러면서 그는 다른 세 사람에게 말했다. "난 너희에게 요하네스가 훌륭하게 충실한 친구가 될 거라고 본다. 너희들 한 사람 한 사람 역시 좋은 친구가 될 것이고. 이제 비통함을 극복하고 우리는 사람들에게 나아가는 길을 찾아야만 한다. 아마, 아마도, 너희가 우리 아이들에게 상당한 도움이 될 거라고 본다."

이제 밖에서 종소리가 들리지 않았다. 그러던 차에 자비, 정의, 평화의 종소리가 한 번 더 울렸다. 그리고 적막이 흘렀고, 저녁이 찾아왔다.

지은이에 대하여

행동하는 양심, 디트리히 본회퍼

본회퍼는 1906년 2월 4일, 독일 브레슬라우Breslau에서 태어났다. 히틀러의 나치독일에 항거하며 레지스탕스 운동에 가담, 히틀러 암살 계획을 추진 중에 1943년 4월 체포되어 테겔 군사형무소에서 18개월, 그리고 이감되어 1945년 4월 9일 플뢰센베르크 형무소에서 교수형에 처해졌다. 에큐메니컬 운동을 지지했으며, 현실적 삶 가운데 그리스도인이 사회적으로 감당해야 할 역할에 대한 중요한 견해를 밝혔다. '행동하는 양심'으로 각인되어진 그의 신학적 입장은 그의 말을 통해 확인할 수 있다.

"만일 미친 사람이 대로로 자동차를 몰고 간다면 목사인 나는 그 차에 희생된 사람들의 장례식을 치러주고 그 가족을 위로하는 것으로 책임을 다했다고 할 수 있겠는가? 만일 내가 그 자리에 있었다면 자동차에 뛰어올라 그 미친 사람의 손에서 핸들을 빼앗아 버려야 하지 않겠는가?"

이 말을 통해, 차선의 선택과 하나님에게 용서를 구하는 실존

적 삶을 직시하는 그의 입장을 잘 드러내고 있다. 억울한 사람들이 무수히 희생되는 것을 방조하는 죄보다는 히틀러를 제거하는 죄악을 범하는 것이 차라리 낫다고 보았던 것이다. 그가 죽은 뒤인 1951년 출판된 『옥중서간 Widerstand und Ergebung』은 그의 신념을 깊이 있게 드러내고 있다.

초기교육

아버지 카를 본회퍼가 정신의학 및 신경의학 교수로 있던 베를린대학교의 학문적인 분위기 속에서 자랐다.

1923~27년 튀빙겐대학교와 베를린대학교에서 신학을 공부했다. 베를린대학교에서는 아돌프 폰 하르나크, 라인홀드 제베르크, 카를 홀 같은 역사신학자들에게서 영향을 받았고, 카를 바르트가 스위스에서 주창한 새로운 '계시신학'에 크게 매료되었다. 비판적 입장에서 바르트에 동조한 그의 태도는 박사학위 논문인 〈성도의 교제 Sanctorum Communio〉(1930, 'The Communion of Saints'로 1963년 영역)에 담겨 있는데, 이 논문에서 교회를 사회학적 신학적으로 이해하려고 했다. 〈행위와 존재 Akt und Sein〉(1931)에서는 선험철학과 존재론, 지식과 존재에 대한 칸트 철학 및 칸트 이후의 이론들이 개신교 신학과 가톨릭 신학에 끼친 영향을 추적했다.

1928~29년, 바르셀로나에서 독일인 교회의 부목사로 일한 뒤 뉴욕 시에 있는 유니언 신학교에서 일 년 동안 교환학생으로 공부하고, 1931년 독일로 돌아와 곧 베를린대학교 조직신학 강사로 임명받았다.

나치에 대한 항거

1933년, 나치가 정권을 잡은 초창기부터 반反유대인주의를 공언한 나치 정권에 대한 저항운동에 가담했다.

1933~35년, 런던에 있는 조그만 독일인 교회 두 곳에서 목회하느라 18개월 동안 독일을 떠나 있었음에도 불구하고 나치 정권에 대한 개신교 저항운동의 중심이었던 고백교회의 지도적인 대변자가 되었다.

1935년, 핑켄발트(포메라니아)에 고백교회를 위한 신학교를 새로 설립하고 책임자로 임명받았다. 이 신학교는 1937년 정권에 의해 폐교당했지만 1940년까지 위장된 형태로 존속했다. 이 신학교에서 본회퍼는 저서 『공동생활 Gemeinsames Leben』(1939)에 명시해 놓은 기도의 실천, 개인고백, 공동규율을 실행했다. 이 기간에 산상수훈에 관한 연구서인 『나를 따르라 Nachfolge』(1937)를 썼는데, 이 책에서 개신교 교회들(특히 루터파 교회)에서 통용되고 있는 '값싼 은혜'를 비판했다. 값싼 은혜는 하나님이 제한 없이 용서를 베푼다고 믿음으로써 사실상 윤리적인 방종을 은폐하는 태도를 말한다. 본회퍼는 처음에는 이렇게 엄격하고 심지어 금욕적인 모습으로 널리 알려지게 되었다(이 모습은 훗날 그가 주장한 '그리스도교의 세속성'과 모순되지는 않지만 대조를 이룸). 이 시기에 그가 국제 문제에 대해 취한 입장은 평화주의에 가까웠다.

1931년, 케임브리지에서 열린 에큐메니컬 대회에 참석한 뒤 '교회를 통한 국제우호증진 세계연맹 World Alliance for Promoting International Friendship through the Churches'의 유럽 청년부 간사로 임명받았고, 독일에 민족주의 분위기가 점차 고조되는 가운데서도 에큐메니컬 활동에 적극 가담했다. 다른 나라 그리스도교인들에게 독일교회가 벌이고 있는 투쟁의 중요성을 알리려고 노력하던 중 영국 치체스터 주교 G.K.A.벨의 지지를 받았다.

1938년, 변호사인 매형 한스 폰 도나니의 소개로 히틀러 정권을 전복시키려는 단체를 알게 되면서부터 본회퍼는 점점 더 정치성을 띤 활동을 벌이기 시작했다.

1939년, 미국 망명을 고려했으나 뉴욕 시에서 불과 2주 동안 체류하다가 후원자인 신학자 라인홀드 니부어에게 '만일 지금 내 동포와 함께 시련을 당하지 않는다면 나는 전쟁이 끝난 뒤 독일에서 그리스도교인의 삶을 재건하는 일에 참여할 권리가 없게 될 것입니다'라는 편지를 쓰고 독일로 돌아왔다. 그에게 가해지는 온갖 제약에도 불구하고 군사정보국에 위장 취업하여 저항운동을 위한 역할을 계속 수행했는데, 사실상 이 군사정보국이 저항운동의 중심 역할을 했다.

1942년 5월, 스웨덴으로 가서 벨 주교를 통해 저항운동가들의 평화협상안을 영국 정부에 보냈으나, 이러한 희망은 연합군의 '무조건 항복' 정책 때문에 좌절되었다. 본회퍼는 1943년 4월 5일 체포되어 베를린에 수감되었다.

1944년 7월 20일, 히틀러를 암살하려는 시도가 실패로 끝난 뒤 본회퍼가 암살음모에 직접 관여했음을 밝혀주는 문서가 발견됨으로써 고문을 받다가 결국 처형당했다. 수감되기 직전 약혼을 발표했지만 결혼하지 못했다.

윤리 및 종교 사상

1940~43년, 그리스도교 윤리학에 관한 책 1권을 틈틈이 썼지만 일부밖에 완성하지 못했으며, 그 내용은 사후에 『윤리학 Ethik』(1949)으로 출판되었다. 본회퍼는 '두 영역으로 나누는 모든 사고방식', 즉 이원론적으로 교회와 세계, 자연과 은총, 거룩한 것과 세속적인 것을 구분하는 사고방식을 거부했다. 그는 그리스도론(그리스도의 인격과 활동에 관한 교리)에 근거한 통합적이

고 구체적인 윤리를 요청했고, 노동, 혼인, 정부를 창조질서로 보기보다 하나님이 부여한 역동적인 임무나 기능(위임)으로 보는 윤리를 요구했다. 그리스도교와 휴머니즘이 현대의 전제정치에 대항해 손을 잡는 것을 환영했고, 개신교 사상에서 '자연적인 것'의 개념을 재발견하라고 주장했다. 옥중에서 쓴 글들은 1951년 『옥중서간』으로 출판되었는데, 문화적인 생활과 영적인 생활에 대해 두드러지게 많은 것을 보여준다는 점에서 흥미를 끌며, 본회퍼의 친구이자 훗날 그의 글을 편집하고 전기를 쓴 에버하르트 베트게에게 보낸 편지들에서 보인 신학적 주제들 때문에 관심을 끈다.

그는 르네상스 이래 서구의 세속화 역사를 되짚어보면서 신이라는 가설 없이도 인간이 자기 문제들에 대처할 수 있는 능력을 점차 키워온 것은 그리스도교가 이제까지 토대로 삼아온 '종교적 전제'가 쇠퇴한 것을 가리키는 것이 아닌가?라는 질문을 던졌다.

그리고 교회가 인간 지식의 결함들을 찾거나 인간의 연약함을 그리스도교 변증론의 기초로 강조하기보다는 '성인이 된 세계'에서 사는 인간의 성숙함을 긍정해야 한다고 주장했다. 내세에 치중하고 개인 구원에 몰두하는 '종교'의 껍질을 벗어버리면 그리스도교는 실제로 해방되어 유대교의 뿌리와 마찬가지로 현세를 중시하게 될 것이라고 주장했다. 교회는 유산으로 물려받은 특권들을 포기함으로써 '다른 사람들을 위한 인간'이었던 예수를 본받아 '이 세상에서 하나님의 고통을 함께 나눌 수 있도록' 그리스도인들을 해방시켜야 한다고 했다.

이러한 사상은 후대에 일어난 교회와 목회의 개혁운동들, 영국 울리히 주교였던 A.T.로빈슨이 시작한 '신에게 솔직히' 논쟁, '세속적인 그리스도교' 또는 '복음의 세속적 의미'를 주창하려는 노력들, 1960년대에 일어난 '신 죽음'의 논쟁, 그리고 좀 더 다른 관점에서 보면 '희망의 신학'의 등장에 영향을 끼쳤다.

본회퍼의 주요 저서들 가운데는 위에 언급한 것들을 제외하고도 『창조와 타락 : 창세기 1~3장에 대한 신학적 해석 Creation and Fall : A Theological Interpretation of Genesis 1~3』(1933)과 짧은 글들을 엮은 『전집 Gesammelte Schriften』(5권)이 있다.

옮긴이의 말

이제부터 생명의 시작일세

본회퍼는 2년 반 동안 히틀러 체재 전복을 위한 레지스탕스 운동 중 1943년 4월 5일에 체포되기 직전까지 『윤리학』을 집필하였다. 나치 수사관들이 그의 책상에서 윤리학 원고를 입수하여 세밀하게 조사하는 동안, 그는 베를린 테겔 군사형무소에서 춥고 불편한 수감생활을 처음 시작하게 되었다.

그는 테겔 군사형무소에서 18개월을 보내다가 1944년 10월 프린쯔 알브레히트 스트라쎄에 있는 게슈타포 형무소로 이동하고 4개월 후에 베를린 남쪽 부휀발트Buchenwald로 옮겨졌다가, 1945년 4월 9일에 플로센부르크Flossenburg에서 처형되었다.

수감 생활을 하는 동안 본회퍼는 다양한 장르의 글쓰기를 시도하게 되는데, 그것은 교도관의 검열을 피해 자신의 생각을 간접적으로 표현하기 위한 수단이었다. 그의 부모와 형제들, 약혼녀, 그리고 친구인 에버하르트 베트게 Eberhard Bethge (그의 전기작가이자 유저관리자)에게 많은 편지와 시, 수필, 드라마, 소설 등을 남겼다. 그들 중 일부는 『옥중서간 Letters and papers from Prison』으로 출간되었고, 그 중에 『세속적 기독교 Nonreligious Christianity』는 1960년대에 그의 신학적 관점에 대해 강렬한 관심을 불러일으켰으며, 신학적 논쟁의 주제가 되었다.

본회퍼의 이러한 원고들을 단편적으로 보면, 가끔 전체적인 문맥을 벗어나서 잘못 이해될 수도 있었는데, 오늘날에는 그의 모든 글들이 그의 삶과 신학적 업적이 서로 연결되면서 읽혀지게 되었다. 특히 옥중에서 쓴 그의 서신과 신학적 주제의 글들은 픽션 Fiction과 연관되어 서로 보완적으로 반영되고 있다.

이 책 『본회퍼의 선데이』는 유일한 본회퍼의 자전적 소설로서 가족 이야기이기도 하다. 저자가 경험한 사건, 일상 등을 바탕으로 그의 신학적 견해를 드러내고 있다. 가족들에 대해 그대로 표현하지 않았지만 등장인물의 성격이나 주변 사람들을 통해, 소소하고 잔잔한 에피소드를 소설적으로 잘 묘사하고 있다.

특히 본회퍼는 그가 체포되기 직전인 1943년 1월 17일에 마리아 폰 베드마이어 Maria von Wedmeyer와 약혼했는데, 이 소설에 등장하는 두 가정 중 하나인 브레머 씨의 가족이 마리아의

가족을 기반으로 하고 있다. 소설 속 시골 저택은 파치히 Patzig
에 있는 그녀의 집이 모델이다.

본회퍼의 소설에 대한 개념은 친구인 베트게에게 보낸 서신
에서 알 수 있다.

"난 오랫동안 생각하고 있던 과감한 시도를 시작했네. 중산층 가정의 이야기일세. 그 배경은 우리가 그동안 수없이 나누었던 대화들과 나 자신의 개인적인 경험들로 구성될 걸세. 간단히 말해서, 우리 가족들 가운데서 우리가 아는 중산층의 삶을 특별히 기독교적인 입장에서 새롭게 제시하는 것이지. 작은 도시에서

잘 교제하고 있는 두 가정이 중심 줄거리일세. 두 가정의 아이들이 자라서 사회적이고 공적인 지위에 대한 책임을 갖게 되면서, 시장으로, 의사로, 엔지니어로 각자 공동체를 위해 선한 영향력을 주도록 노력하는 모습을 그리는 걸세. 아마 자네는 익숙한 인물들의 모습을 보게 될 걸세. 하지만 아직 진도가 많이 나가지는 않았네.(중략)"

본회퍼의 서신을 통해 알 수 있듯이 이 소설에서 본회퍼의 신학적 단면을 총체적으로 느낄 수 있을 것이다. 1930년대 독일 교회에 흘러 넘쳤던 형식주의 경향, 즉 교인들로 하여금 예배에 참석하여 하나님이 모든 사람을 사랑하시고 용서하신다는 말씀

만 듣고, 어찌 살아야 하는가는 중요하게 생각하지 않는 신앙 풍조, 이른바 '값싼 은혜'에 대한 본회퍼의 비판적 시각, 또한 비종교적 기독교에 대한 그의 인식, 무의식적인 그리스도인, 지배자에 의한 역사관에 대한 비판, 하나님의 주권적 사랑, 불의에 대한 항거가 필요한 이유 등 여러 가지 신학적 주제가 나타난다.

또한 우리는 그가 경험한 일들이 소설 속 사건으로 전개되고 있는 것을 볼 수 있다. 예를 들어, 브레이크 집안의 막내 손자인 엑케하르트Ekkehard가 그의 할머니와 나누는 대화, 즉 어미 새가 새끼 새를 떨어뜨려 죽인 사건에 대한 대화는 그가 스페인에서 부목사로 아이들을 가르칠 때 죽은 강아지를 슬퍼하는 아이의 모습과 그를 위로하며 나눈 대화를 떠올린 것이다. 그리고 자신이 네 살 때 엄마에게 질문한 경험이 녹아 있다고 할 것이다.(『디트리히 본회퍼』, 에릭 메테시스 저, 김순현 역, 34쪽)

"선하신 하나님께서 굴뚝 청소부도 사랑하시나요? 하나님도 앉아서 점심을 드시나요?"

또한 브레머 가 맏아들의 죽음은 본회퍼의 둘째 형 발터의 죽음, 즉 열여덟 살 나이에 소집명령을 받고 제 1차 세계대전에 참전하였다가 사망한 형을 기억에서 되살린 것이다. 또한 소설 속 등장인물인 프란쯔가 슬럼가의 아이들을 돕는 장면을 말하는 모습은 자신이 1921년 11월, 열다섯 살의 나이로 처음 전도

집회에 참석하여 구세군 대장 브람웰부스를 만나게 되고 거기서 그와 함께 경험한 내용을 그리고 있다.

"이따금 하나님의 귀에는 타락한 자들의 악담이 경건한 이들의 '할렐루야'보다 더 좋게 들린다."

루터의 말인데, 본회퍼가 칼 바르트가 주최한 세미나에서 인용하였다고 한다. 이 말은 시대를 대표하는 대 신학자였던 두 사람 간에 서로를 이해하는 결정적인 계기가 되었는데 과연 이 말이 무슨 뜻인지 우리 중 몇 명이나 공감할까?

누가 타락한 자들이고 누가 경건한 자들인가? 소설 속에서 노예와 자유인에 대한 논쟁이 나오는 장면이 있다. 누가 자유인이

고 누가 노예인가? 바리새인과 서기관들을 향해 회칠한 무덤 같은 자들이라고 한 예수님의 목소리가 들리는 듯하다.

끝으로 본회퍼가 형장에서 교수형에 처하게 되는 마지막 순간에 나눈 대화를 소개한다. 간수가 본회퍼에게 말했다.

"이제 자네와의 인연도 여기서 끝나는군, 잘 가게. 본회퍼."

본회퍼는 미소 지으며 대답했다.

"자네와는 이것이 끝이지만, 나에게는 이제부터가 생명의 시작일세."

본회퍼의 선데이

초판 1쇄 인쇄 | 2015년 5월 18일
초판 1쇄 발행 | 2015년 5월 26일

지은이 | 본회퍼
옮긴이 | 조병준
발행인 | 강영란

편집 | 권지연
본문 일러스트 | papertiger
디자인 | 노영현
마케팅 및 경영지원 | 이진호

펴낸곳 | 도서출판 샘솟는기쁨
주소 | 서울시 충무로 3가 59-9 예림빌딩 402호
전화 | 경영지원부 (02)517-2045   편집부(직통) 070-8119-3896
팩스 | (02)517-5125(주문)
이메일 | atfeel@hanmail.net

출판등록 | 2012년 6월 18일

ISBN 978-89-98003-18-0(03230)

• 책값은 뒤표지에 있습니다.
• 잘못 만들어진 책은 바꿔 드립니다.

「이 도서의 국립중앙도서관 출판예정도서목록(CIP)은 서지정보유통지원시스템 홈페이지(http://seoji.nl.go.kr)와 국가자료공동목록시스템(http://www.nl.go.kr/kolisnet)에서 이용하실 수 있습니다. (CIP제어번호 : CIP2015013982)

세상과 교회의 다리 되는 샘솟는 기쁨의 책

ECHO BOOK 1
빛이 있는 동안 빛 가운데로 걸으라
오십오 세에 기독교로 회심한 톨스토이. 그가 누린 영혼의 기쁨과 삶의 본질에 대한 신앙고백 같은 8편의 단편을 모았다. 현대 교회와 그리스도인의 결핍과 회복을 묵상하도록 한다.
톨스토이 지음 | 조병준 옮김 | 사륙판 | 264쪽 | 12,500원

ECHO BOOK 2 스펄전의 기도 레슨
뛰어난 설교가인 스펄전의 기도에 관한 27가지 따끔한 조언. 우리가 잘못 이해하거나 그릇된 태도로 추정되는 기도에 대해 조언하고 성경인물과 말씀 중심으로 일깨우고 있다.
찰스 스펄전 지음 | 유재덕 옮김 | 사륙판 | 231쪽 | 12,500원

ECHO BOOK 3 파스칼의 팡세
천재 수학자 파스칼의 하나님. 기독교 변증서! 삶과 질병의 고뇌 중에 이룩한 파스칼의 영적 성찰이자 신앙고백. 성경 12가지 주제로 364편을 가려 뽑아 새번역! 영국의 설교자 마틴 로이드 존스는, 기독교사에 기록될 성령의 사람이라고 했다.
블레즈 파스칼 지음 | 조병준 옮김 | 사륙판 | 264쪽 | 12,500원

나는 마커스입니다 - 설립자 김준영의 리얼토크
부르심과 통찰에 대한 마커스 미니스트리 설립자의 기록. 부르심 이후 광야, 인도하심, 실행, 예배, 찬양, 연합, 네트워킹, 나의미래공작소 등 키워드별 연대기별로 읽을 수 있다
김준영 지음 | 신국판 | 248쪽 | 13,500원

다르게 선택하라 - 변혁적 리더십
노컷뉴스, 김현정의 뉴스쇼, 제주순례길 등을 기획한 저자. 새로운 콘텐츠를 창출하고, 새로운 사람들과 새로운 일을 해 나가는 변혁적 리더십을 경험할 수 있다. 35가지 비하인드 스토리
민경중 지음 | 신국판 변형 | 258쪽 | 13,500원

성경 가이드 72 -당신의 리더는 누구인가?
30여 년간 선교회 사역자로 성경을 지도해 온 저자가 삶의 리더는 성경임을 고백하는 책. 네이버 카페에 조직신학, 성경통독 코너 등을 통해 7년간 회원들과 공유한 내용을 14가지 주제 72가지 질문으로 풀어내고 있다.
황진훈 양소영 지음 | 376쪽 | 14,500원

하하하교회 블라블라 목사님
목회적 신학하기로의 초대. 시시콜콜 알콩달콩한 목회순례기다. 하하해라는 후렴구가 돋보이는 글쓰기로 교회 리더십이나 초보 목회자들이 적용 가능한 현장 상식을 포함하고 있다.
김기목 지음 | 신국판 변형 |216쪽 | 13,000원

루카스, 단 한 사람을 위한 복음서
세상을 바꾸는 성경읽기의 혁명. 한국교회를 향한 외침이며 가나안 성도들을 위한 성서적 응답이기도 하다. 누가복음에서 미처 읽어내지 못한 메시지를 재발견하게 한다.
김명섭 지음 | 신국판 | 344쪽 | 15,000원

그래야 행복합니다
김병삼 목사의 긍휼의 리더십! 약한 나를 쓰시는 하나님을 전한다. 목회와 질병의 가시, 성도와 가족 앞에 부끄러움 등 페북 묵상글을 6가지 주제와 흑백 이미지로 재구성되었다.
김병삼 지음 | 신국판 변형 | 272쪽 | 13,500원

위대함을 선택하라
신앙고백과 함께 선교 현장에서 어떻게 하나님이 이루어 나가는지 증언하고 있다. 찬양 사역인 샬롬M과 기독교 학교W 재설립 과정 및 비즈니스 미션에 대해 명쾌하게 안내하고 있다.
백바울 지음 | 신국판 변형 | 244쪽 | 14,500원

내가 하나님의 꿈인 것 그게 중요해
복음을 전하고 싶어 돌아 버리겠다는 저자는 구겨져서 버려진 종이컵 같았던 자신을 들어 쓰신 하나님이 너희들 또한 그렇게 사용하실 거라고 청소년들에게 외치고 있다.
서종현 지음 | 신국판 변형 | 262쪽 | 13,000원

청년 설교자의 예수 찾기
힙합과 설교를 접목하면서 복음을 전하는 저자. 청소년과 청년을 향하여 자신이 만난 예수, 자신이 경험한 예수를 전한다. 누구에게나 예수님을 발견했던 지난 시간, 일상이 예배일 수밖에 없었던 그때를 회복하고자 기록되었다.
서종현 지음 | 신국판 변형 | 224쪽 | 13,500원

사람이 별미입니다
손맛으로 복음을 전하는 하나님의 사람, 밥풀떼기 김정식 목사의 자전적 에세이. 사람들과의 추억을 음식이라는 키워드로 풀어낸 맛깔나는 요리와도 같은 책으로, 인기 정상의 코미디언에서 소외된 이웃들을 섬기는 담임목회자인 그의 삶을 만날 수 있다.
김정식 지음 | 신국판 변형 | 216쪽 | 13,000원